税理士のための
中小企業
M&A

顧問先から相談されたときに
知っておきたいM&A知識のすべて

コンサルティング
実務

公認会計士・税理士
宮口 徹 著

税務研究会出版局

はじめに

　近年、高度成長期を支えた経営者の引退に伴う後継者難が社会問題となっていますが、一つの解決策として M&A が注目され、また多く活用されるに至っています。従来、M&A というと大企業の話、会計専門家で言えば公認会計士の業務分野との認識が一般的であったと思いますが、最近は中小企業経営者も M&A を経営の選択肢として認識しており、会計専門家である税理士も顧客から M&A の相談を受ける機会も増えてきているものと思われます。日本税理士会連合会も事業承継問題に積極的に対処すべく、税理士専用のマッチングサイト「担い手探しナビ」の運用を開始しています。

　一方で、多くの税理士にとっては、これまで実務に関わった経験が少なく、また売却対象会社の顧問税理士にとっては顧問先を失うリスクもあるため積極的に関与していないのが現状だと思います。

　筆者は公認会計士として監査法人及び証券会社に勤務した後、税理士として税理士法人に勤務した経験を持ちますが、税理士の業務知識や経験があれば中小企業の M&A 業務に十分対応できますし、税務や中小企業の実務に通じている分、中小企業の M&A に限って言えば公認会計士よりも適した専門家になり得るのではと考えています。また、上場企業など大企業の M&A では案件全体は投資銀行など金融機関が財務アドバイザーとしてコントロールし、公認会計士の関与は会計・財務分野に限定されるのが一般的ですが、今後普及するであろう中小・零細企業の M&A においては税理士や公認会計士が自らの専門領域にとどまらず、案件全体のとりまとめを行うようなケースが増加するのではないかと考えています。

　本書はこうした環境下において、中小企業の M&A 業務に初めて取り組む税理士を主な読者として想定し、中小企業 M&A の全体像から具体的な業務の進め方の概要を理解頂くことを目的としてまとめたものです。

　本書の構成ですが、第1部で現在の中小企業 M&A の動向や税理士の関与について概観し、第2部で M&A の上流工程ともいうべき全体の意思決定や業務の進め方について、第3部ではバリュエーション（価値評価）、デュー・ディ

リジェンス（DD）、スキーム策定といった個別業務の進め方や着眼点について解説しています。解説にあたってはモデルとなる会社を設定し、案件の持ち込みからクロージングまでの一連の業務を定量面も含めて解説している点が類書との違いです。本書をお読み頂ければ M&A に関する各業務の流れと相互のつながりがより具体的に理解頂けることと思います。

　M&A の各分野は奥深く、詳細に解説すると膨大な量になりますが、本書では中小企業の M&A に限定し、要点をコンパクトにまとめることを重視して執筆を行っています。よって、あえて厳密性を欠く記載とした箇所や、必要でない部分の解説を省略している箇所があります。特に税務に関する記述については税理士向けの書籍であることから制度の詳細説明は割愛していますので、必要に応じて各制度の専門書を併せてご参照ください。なお、本書は 2019 年 4 月 1 日時点の税法に基づいて記載していますのでその後の税制改正にはご留意ください。

　また、M&A で活用できる各種文書のひな形については巻末資料に記載するとともに税務研究会が運営する「ZEIKEN LINKS（ゼイケン リンクス）」にWord ファイルを保存していますので下記 URL にアクセス頂き活用頂ければ幸いです。なお、あくまでひな形ですので法的な観点については弁護士などの法務専門家に相談しつつ進めてください。

> ZEIKEN LINKS（ゼイケン リンクス）
> https://links.zeiken.co.jp/notice/2562

　本書が事業承継目的の M&A に取り組まれる税理士の一助となり、深刻化する事業承継問題の改善に少しでも寄与することを願ってやみません。

　最後になりましたが、本書はこれまでの実務経験から得られた知識やノウハウをまとめたものであり、これまで種々の案件でご一緒させて頂き、またご指導頂いた金融機関、弁護士等のアドバイザー及び事業会社の皆様に御礼を申し上げます。また、本書の企画から刊行までご担当頂いた株式会社税務研究会の奥田守氏、加島太郎氏及び桑原妙枝子氏に感謝を申し上げます。

令和元年 7 月

公認会計士・税理士　宮口　徹

目　　次

第1部：事業承継対策としての中小企業 M&A 総論

第1章：事業承継目的の M&A の動向 -- 2
Q1：中小企業 M&A の動向 -- 2
Q2：中小企業 M&A 増加の背景 -- 3

第2章：M&A と税理士業務 -- 5
Q3：M&A の関連業務と担い手 -- 5
【M&A 税理士コラム①：仲介会社の見極めが肝心】 --------------------- 7
Q4：税理士が関与できる M&A 業務 -- 8
Q5：M&A に対する税理士のスタンス ------------------------------------ 10

第2部：中小企業の M ＆ A 実務（戦略策定・全体統括編）

第3章：事業承継対策としての M&A と戦略策定 --------------------- 12
Q6：売手に係る検討事項 -- 12
Q7：売手に係る検討事項（事例検討） -------------------------------- 14
Q8：親族内承継と M&A の比較 -- 16
Q9：売却に向く会社と向かない会社 ------------------------------------ 18
Q10：人間関係の重要性 -- 19
【M&A 税理士コラム②：キーパーソンを見極める】 --------------------- 21
Q11：買手に係る検討事項 -- 21
Q12：買手に係る検討事項（事例検討） -------------------------------- 23

第4章：M&A 手続きと M&A 支援業務の全体像 --------------------- 25
Q13：M&A 手続きの全体像 --- 25
Q14：事前準備の手続き -- 27
Q15：売却候補先選定の考え方 -- 28

目次　iii

Q16：初期的な情報開示と秘密保持契約書の締結 ----------------------------- 30

Q17：詳細な情報開示と買手候補による検討 ----------------------------- 32

Q18：M&Aにおける情報開示と個人情報保護法 ------------------------- 34

Q19：基本合意書の締結 --- 35

Q20：相対取引と入札取引の比較 ----------------------------------- 36

Q21：実行段階の手続き --- 37

Q22：実行段階におけるM&A支援業務の相互関連性 ------------------- 38

【M&A税理士コラム③：M&A支援業務の報酬感】 ----------------- 40

第3部：中小企業のM＆A実務（個別業務編）

第5章：バリュエーション（価値算定）の要点 ----------------- 42

Q23：M&Aにおける株式評価方法と中小企業の

M&Aにおける株式評価方法 ----------------------------------- 42

Q24：仲介会社方式による株式評価 --------------------------------- 44

Q25：業種特有の株価評価 --- 46

Q26：M&Aの株価評価と税法上の株価評価 --------------------------- 47

第6章：デュー・ディリジェンス（DD）の要点 ----------------- 49

Q27：P/LのDDにおける着眼点 ------------------------------------- 50

Q28：売上・売上原価 --- 52

【M&A税理士コラム④：一本足打法の恐さ】 --------------------- 54

Q29：人件費の着眼点 --- 54

【M&A税理士コラム⑤：労務債務の重要性】 --------------------- 57

Q30：販管費の着眼点 --- 58

Q31：月次損益の確認 --- 60

Q32：B/SのDDにおける着眼点 ------------------------------------- 62

Q33：現預金の着眼点 --- 64

Q34：売掛債権の着眼点 --- 64

Q35：棚卸資産の着眼点 --- 66

Q36：固定資産の着眼点 --- 67

【M&A 税理士コラム⑥：ソフトウエア会計の曖昧性】 ------------ 69

Q37：不動産の着眼点 --- 69

Q38：投資その他の資産の着眼点 ----------------------------- 71

Q39：簿外資産の把握と評価 --------------------------------- 72

Q40：買掛債務、営業債務の着眼点 ------------------------- 74

Q41：銀行借入金の着眼点 ----------------------------------- 75

Q42：簿外債務の把握と評価 --------------------------------- 77

Q43：純資産の部における着眼点 ---------------------------- 79

Q44：税務 DD における調査項目と着眼点 ---------------- 80

【M&A 税理士コラム⑦：M&A と税務調査】 ---------------------- 82

Q45：キャッシュフローにおける調査項目と着眼点 ------------------------- 82

Q46：DD 結果を踏まえた時価純資産評価 ------------------- 84

Q47：DD 結果を踏まえた営業権評価 --------------------------- 85

Q48：DD 結果を踏まえたバリュエーション結果 ------------- 87

Q49：法務 DD における主要論点 ------------------------------ 88

第 7 章：スキーム策定の要点 ------------------------------------ 90

Q50：スキーム策定の目的と全体像 ---------------------------- 90

【M&A 税理士コラム⑧：M&A における税金の重要性】 --------- 91

Q51：株式譲渡と事業譲渡 ------------------------------------- 92

Q52：株式譲渡の課税関係 ------------------------------------- 94

Q53：役員退職金と税務 --------------------------------------- 96

【M&A 税理士コラム⑨：悩ましい功績倍率】 ---------------------- 98

Q54：私的資産の分離手法 ------------------------------------- 98

Q55：分割型分割後の売却 ------------------------------------ 100

【M&A 税理士コラム⑩：事業承継と財産承継の両立】 ---------- 102

Q56：分社型分割後の売却 ------------------------------------ 103

Q57：不動産 M&A -- 105

【M&A 税理士コラム⑪：廃業した方が儲かった】 -------------- 107

目次　v

Q58：役員による MBO スキーム --- 107

第 8 章：DD 結果を踏まえた最終判断とクロージングに向けた業務 -- 111

Q59：DD 結果を踏まえた最終判断 --- 111

Q60：クロージングに向けた業務 --- 113

Q61：株式譲渡契約書の締結 --- 115

Q62：M&A 後の財産管理 -- 116

巻末資料

1. 中小企業 M&A 用語集 --- 120

2. 各種契約書等のひな形 -- 121

（1） アドバイザリー契約書 -- 121

（2） ノンネームシート --- 128

（3） 秘密保持契約書 --- 130

（4） 基本合意書 -- 133

（5） プロセスレターと意向表明書 -- 142

（6） 株式譲渡契約書 --- 146

第1部

事業承継対策としての中小企業 M&A 総論

第1章 事業承継目的の M&A の動向

Q1 中小企業 M&A の動向

昨今の中小企業 M&A の動向を教えてください。

A1 後継者難や少子高齢化による国内市場の縮小により増加しています。

　戦後の高度経済成長を支えた日本の経営者の平均年齢は60歳を超えつつありますが、後継者対策が進んでいない企業が多く、このままでは大廃業時代が到来すると言われています。親族内承継の税負担を軽減すべく事業承継税制の拡充など対策も打たれていますが、そもそも後継者がいない場合にはそうした税制措置も役に立ちません。そこで M&A が注目を集めるに至り、低金利下で収益源を多様化したい金融機関やブティックと呼ばれる M&A 専門の仲介会社の市場開拓により、現在のブームと言える状況になっています。

　さらに、少子高齢化の進展による国内市場の縮小も経営者に M&A による事業売却を考えさせる要因となっています。他方、上場企業など M&A による成長戦略を取る会社や、非上場企業専門に投資を行う投資ファンドなども増加しつつあり、中小企業の M&A 市場の形成に重要な役割を担っています。

　中小企業の M&A 件数については正確な統計などはありませんが、2018年版中小企業白書によれば中小企業の M&A を主に手掛ける上場仲介会社の成約件数は2012年の157件から2017年の526件と3倍以上に増加しています。その他、銀行などの金融機関や非上場のアドバイザーが関与している M&A も相当数に上り、かつ取扱い件数も年々増加している状況です。

2　第1部　事業承継対策としての中小企業 M&A 総論

Q2 中小企業 M&A 増加の背景

中小企業 M&A の増加の背景につき、より詳しく教えてください。

A2　Q1 で解説した外部要因の他、税務上の要因も大きいものと考えられます。

【図表 1-1】中小企業 M&A の増加に係る要因分析

	増加要因	減少要因
外部要因	・少子高齢化による市場縮小と業界再編 ・銀行のフィービジネスへの傾注や専門 M&A 仲介会社の成長、他業種の参入 ・2013 年以降のアベノミクス株高が、非上場企業の類似業種比準価額を押し上げ	―
内部要因	・経営者の高齢化 ・後継者難	―
税制要因	・2015 年からの相続税・贈与税増税	・2017 年度改正による相続税の株価評価ルールの改正（類似業種比準価額方式など） ・2018 年度改正による事業承継税制の抜本的拡充

　図表 1-1 は中小企業の M&A につき増加要因と減少要因に分けてまとめたものです。外部要因の一つではありますが、税制も大きく影響しているものと筆者は考えています。従来から非上場中小企業のオーナーの相続財産はほぼ換金性の低い自社株であり、税金対策に苦慮してきましたが、2013 年以降のいわゆるアベノミクスによる株高が自社株評価額を押し上げた結果、想定外の税額が生じるケースが増えました。自社の業績に全く変化がなくても株式相場の上昇のみにより評価額が増加するのは現行の類似業種比準方式の欠点ですが、市場の寡占化が進行し、上場企業を中心とする勝ち組企業と負け組企業の差異が拡大しても、負け組企業の株価が勝ち組企業の株価に引きずられて上昇して

しまうという不合理な状況が生まれています。さらには 2015 年からの相続税・贈与税の増税が従来の親族内承継に係るコストをさらに増加させています。

　こうした環境下で、収益源の多様化を図りたい銀行や新興の M&A 仲介会社が M&A の提案を積極化した結果が、現在の中小企業 M&A の活況につながっています。M&A で経営権を譲渡すれば経営者責任（雇用の維持や連帯保証人）から解放されるとともに、経営者の財産を換金性に乏しく評価額の予測可能性が低い自社株から現金に換えることができるため、相続税問題からも解放されるというストーリーが描けるためです。

　もちろん政府もこうした状況に手をこまねいているわけではなく、2017 年度改正における類似業種比準株価の改正（利益の比準割合の引下げ等）や 2018 年度改正における事業承継税制の抜本的拡充（全株式に係る納税猶予や複数の後継者への贈与の無税化等）などの改正を行っています。筆者の周りでも事業承継税制の利用頻度は増加しており、親族内承継の増加に一定の効果を上げていると思いますが、そもそも家業を継いでくれる後継者がいない会社も相当数あり、M&A は今後も増加していくものと考えています。

第2章 M&A と税理士業務

Q3 M&A の関連業務と担い手

M&A に関連する業務とそれに関与する業者や専門家を教えてください。

A3 M&A の規模によって関与するプレーヤーは異なりますが、中小企業の M&A では税理士や会計士が幅広い分野で関与できます。

M&A に関連する業務には大別して全体統括業務、財務関連業務、法務関連業務、税務関連業務があります。

【図表 2-1】M&A に関する業務と主な担い手

業務区分	主な業務内容	一般的な担い手	中小企業 M&A の担い手
全体統括業務	・スケジュール策定 ・当事者の交渉支援 ・専門家のとりまとめ	金融機関、ブティック	ブティック 弁護士・税理士・会計士
財務関連業務	・財務 DD ・株価算定	金融機関、ブティック 会計士	ブティック 弁護士・税理士・会計士
法務関連業務	・法務 DD ・スキーム策定 ・契約書等作成	弁護士	弁護士
税務関連業務	・税務 DD ・スキーム策定 ・税務申告	税理士	税理士

全体統括業務はFA（Financial Adviserの略で「エフエー」と呼びます。）や財務アドバイザーなどと呼ばれる業務ですが、金融機関やM&A専門の仲介会社（以下、「ブティック」若しくは「仲介会社」と呼びます。）が務めることが一般的です。上場企業同士の譲渡価額が100億円を超えるような案件ですと大手の投資銀行がFAを務めることが多いのですが、本書の対象である中小企業のM&Aでは地域金融機関や中小企業専門のブティックが関与するケースが多くなります。FA業務は技術的な能力もさることながら、売手と買手の仲介や価格交渉など高度なコミュニケーション能力が要求される仕事です。この点、企業の顧問税理士は長年にわたり、会社及び社長と密なコミュニケーションをとっているケースが多く、中小企業のM&Aに適任の存在になり得ると筆者は考えています。案件規模が小さい場合、金融機関も費用対効果の点から手を出しづらくなりますので、今後増加することが予想される中小・零細規模の案件では特に税理士が多くの役割を果たすことが期待されます。

　次に、財務関連業務は財務デュー・ディリジェンス（以下、「DD」といいます。）や株価算定を指しますが、財務DDは会計士が、株価算定はFAが行うケースが多いです。**第5章**で解説しますが、M&Aの株価算定手法も会社の規模に応じて異なってきます。M&Aの株価算定というとDCFやEBITDAなど横文字が飛び交う世界の業務であり、税理士業務とは無縁と誤解している税理士の方もよくいますが、それは主に大企業のM&Aの話であり、中小企業のM&Aでは税理士の業務知識で株価算定業務を十分行うことができます。

　また、法務関連業務は法務DD、スキーム策定に係る法務面のアドバイスや契約書などの法的文書作成業務ですが、当然に弁護士の業務分野になります。

　最後に税務関連業務ですが、税務DD、スキーム策定の税務及び申告後の税務申告などが主な業務となります。こちらは当然に税理士が担当することになりますが、特にスキーム策定は税務が主役とも言えるほど重要な業務となります。

M&A 税理士コラム①：仲介会社の見極めが肝心

　専業の仲介会社にたまに見られるのですが、M&A の成約のみを重視して、契約を急がせたり、理論値を超える高値で売却を迫ったり、M&A 後の事業運営について配慮が足りないケースがあります。後述しますが、仲介会社の報酬はレーマン方式（P.40 参照）といって売買金額に応じた成功報酬となっていることや、仲介会社の従業員の報酬も業績連動であることが多いこと、原則として売却の完了までの仕事であり、その後の顛末には関与しないことなどによります。

　こういった仲介会社の中には、売れる見込みのない会社を高値で売れると煽るところもあり、社長の事業継続意欲を消失させたりする弊害も見られるようになっています。税理士としては仲介会社の言葉を鵜呑みにせずに、中立の立場でアドバイスすることを心掛けたいところです。なお、全ての仲介会社のことを言っているわけではありませんので念のため。顧問先に M&A 案件が持ち込まれた場合は、仲介会社の担当者と直接コミュニケーションをとって、その良し悪しを見極めることが肝心です。

Q4 税理士が関与できるM&A業務

税理士が関与できるM&A業務を当事者別に教えてください。

A4 売手、買手、対象会社に対して幅広い業務提供の機会があります。M&A業務に対する対応力が事務所の成長力を左右する時代であると言っても過言ではありません。

【図表2-2】M&Aと税理士業務

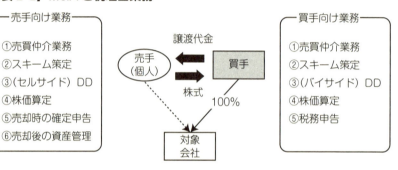

　図表2-2は当事者別にM&A支援業務をまとめたものです。売手向けと買手向けの業務について売買の仲介、スキーム策定、DD及び株価算定は支援する相手が違うだけでほぼ同一です。通常、DDとは買手サイドが行う買収監査を指しますが、売手が自社を調査するセルサイドDDも行われることがあります。買手のDDにより問題点を指摘されてから対処するよりも、事前に自社を調査して議論になりそうな点について事前準備をするために行います。特に複数の候補先に入札させるような案件では前さばきとしてセルサイドDDを行うケースが多いです。売手に対しては売却時の確定申告や売却後の資産管理業

8　第1部　事業承継対策としての中小企業M&A総論

務も行えますし、買手に対しては購入時の税務申告の支援も行えます。とりわけ事業譲渡の案件では、譲渡対価の各資産への振り分け、減価償却資産の耐用年数の決定、営業権の処理など会計・税務で多数の論点が生じます。

また、対象会社に対してもPMI（Post Merger Integration）と言われるM&A後の統合コンサルティング（事務処理体制の確立や買手との会計処理の統一、原価計算制度の構築など）や顧問税理士や監査役に就任しての関与などの業務提供が可能です。

以上、M&Aは税理士にとって非常に多くの業務機会がある一方、M&Aによる優良顧客喪失の可能性もあり、M&Aに対する対応力が会計事務所の成長力を左右すると言っても過言ではありません。

また、1年の間でM&Aがよく行われる時期は7月以降で、4、5月は相対的に減少しますが何故だかわかりますか？日本の会社は3月決算が多いため、買手も売手も春先は自社の決算で忙しくM&Aなどやっている暇がないためです。自社の直近確定決算に基づき、いくらで売れそうか検討してから案件がスタートするため夏から秋がM&Aの繁忙期になるということです。

これは我々税理士の繁忙期（年末～5月）とかぶらないという点が重要なポイントです。事務所所長としては事務所スタッフの有効活用につながりますし、スタッフの方にとってもスキルの向上に役立ちますので、会計事務所がM&Aに取り組むことは収益源の多様化も含めて一石三鳥の効果があると言えます。

Q5 M&A に対する税理士のスタンス

顧問先の社長から M&A で会社を売ることを考えたいと相談されました。個人的には顧問先を失うことになる M&A には反対なのですが、どう対処すべきでしょうか?

A5

M&A が会社にとっての最良の選択肢なのであれば支援するのが税理士としての責務と考えます。仮に会社との関係が終了したとしても、社長個人との関係は終了せず、各種税務業務の提供機会は多数あります。発想の転換が必要です。

筆者は中小企業の M&A 業務を通じて多数の税理士の方とお付き合いがありますが、本問のような考えを持つ方にもよくお会いします。優良企業であるからこそ M&A の対象となるので気持ちはわかりますが、社長も苦渋の決断でM&A の検討を決断されたことと思いますので中立的な立場でアドバイスをするべきです。

その結果、M&A が実行されたとしても顧問契約は継続するケースも多くありますし、万が一顧問契約が終了しても、社長個人とは関係が継続し、各種税務業務の提供機会は多数あります。筆者が提供した業務事例を列挙すると以下のとおりです。

① 株式売却に係る所得税申告
② 売却代金の子息への生前贈与（住宅資金贈与、教育資金贈与）
③ 売却代金の他の資産（金融資産、不動産）への組替え
④ 売却代金による資産管理会社設立と税務顧問業務

従来は、顧問税理士を変えるなどということはごく稀なことでしたが、現在では M&A に限らず、種々の理由で税理士が交代します。発想を転換し、顧問先の異動を前提としたビジネスモデルの設計が必要となる時代が到来していると感じています。

10　第 1 部　事業承継対策としての中小企業 M&A 総論

第2部 中小企業の M&A 実務（戦略策定・全体統括編）

第3章 事業承継対策としてのM&Aと戦略策定

Q6 売手に係る検討事項

後継者のいない顧問先の社長からM&Aで会社を売ることを考えたいと言われました。顧問税理士として何をアドバイスすべきですか？

A6

①売却すること自体の是非、②売却する場合の相手先、③売却する場合の価格目線、④売却する場合のスキームと税額、⑤売却後の社長のライフスタイルに係る収支・財産管理などが考えられます。

まず、①売却すること自体の是非につき議論をすべきです。昨今のM&Aブームにより、自社も簡単に売れると錯覚する経営者もいますが、そもそも売れる会社であるのか、希望の値段で売却できるのか、売却できたとして事業活動はうまく継続できるのか、親族や従業員への承継や廃業との比較での優劣など総合的にアドバイスすることが望まれます。この点、会社の事業や財務数値に精通するとともに、社長と長年にわたり個人的な信頼関係を築いている顧問税理士は適任の存在です。成功報酬ほしさにやみくもに売却を勧める質の悪いアドバイザーなどもいる中で、税理士として中立な立場でのアドバイスを心掛けたいところです。売却に適した会社、適さない会社については**Q9**で説明します。

②売却の相手先については既存の取引先、同業他社、全くの異業種、投資ファンドなどが考えられます。既存の取引先は実務的にも多いケースです。社長同士の信頼関係をベースとした安心感がメリットですが、事業上のノウハウや他社との取引条件などの機密情報が相手先に知られるところとなり、案件が成立しなかった場合の情報流出がデメリットとなります。同業他社への売却については、事業内容を熟知していることから良い面と悪い面の両方を評価され

12 第2部 中小企業のM&A実務（戦略策定・全体統括編）

ることになります。財務数値に表れないノウハウや取引先との契約関係などを評価してもらえるメリットがある一方で、取引先への売却同様、機密情報の流出や身売りの噂などネガティブな情報を流されるリスクがあります。また、今までライバル会社であった同業他社の軍門に下るというようなネガティブなイメージがあり、社員のモチベーション低下も懸念されます。

こうしたリスクを嫌う売手にとっては全くの異業種や投資ファンドへの売却が選択肢になります。買手は独力で経営することは難しいので、社長としての残留等、対象会社への継続関与が期待できる点も売手のメリットといえるかもしれません。一方で、こうした買手は事業に関する知見が乏しいので業績を改善させる術を持たないことが多く、現状の業績数値のみを基準として株価が評価されるのが原則となります。特に投資ファンドは財務数値を厳しく査定しますし、投資規模が小さい会社は投資対象から外れますので、主に優良企業の場合に候補先となります。

③の売却する場合の価格目線（希望売却価格）は**第5章**で、④の売却する場合のスキームと税額については**第7章**で解説します。⑤の売却後の社長のライフスタイルに係る収支・財産管理は税理士の腕の見せ所です。M&Aというと顧問先を失うことを懸念してあまり積極的に関与しない税理士も多いですが、売手には売却代金をどう管理し、承継するかという新たなテーマが発生します。売却代金の他の資産への組替えや、資産管理会社の設立など、対象会社との顧問契約は終了したとしても売手個人との関係は継続しますので積極的に支援すべきです。

Q7 売手に係る検討事項（事例検討）

顧問先 X 社の社長より、後継者難の会社の M&A が流行っていると聞き、当社も検討したいので意見がほしいといわれました。買手候補は懇意にしている得意先の C 社とのことですが、何を確認して何をアドバイスすればよいのでしょうか？

A7

Q6 で解説した諸点について情報入手の上、具体的なアドバイスをすることが考えられます。

【図表 3-1】M&A 案件概要

案件概要
- 業種：卸売業（大手メーカー Z 社の一次販売代理店）
- 株主：社長夫妻及び専務（共同創業者）
- 年商：9 億円弱
- 営業利益：約 3,500 万円
- 純資産：約 4 億円
- 売却理由：後継者難
- スキーム：100%株式譲渡
- 希望売却価格：6 億円
- 特記事項：本社不動産は社長から賃借

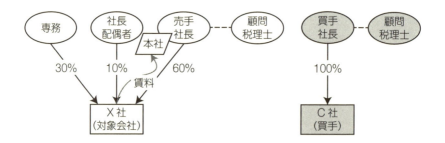

14　第 2 部　中小企業の M&A 実務（戦略策定・全体統括編）

まずは売却することの是非につき社長と議論します。大手メーカーZ社の販売代理店の地位につき、株主が変動しても同条件で維持できるのか、また、C社の傘下に入った場合に他の得意先の離反を招かないかなどが考慮点となります。

　次に売却先についてですが、本件の場合、共同創業者である専務の意向を確認する必要があります。専務に経営意欲があるのであれば、専務に対して経営権を譲渡するMBO（マネジメントバイアウト）が第一の選択肢になります。専務に資力がない場合、売却額は低くならざるを得なくなりますが、専務の意向を無視して第三者に売却しても上手くいかないことが多いです。

　専務も第三者への売却に同意するということであれば、社長が想定するC社が妥当な売却先であるかを検討します。売却先の属性とメリット・デメリットについては**Q15**で解説します。さらには、希望売却価格の6億円が妥当なものであるか、また、税金控除後の手取り額を検討することになります。価格目線については**第5章**で、税金の最小化などスキーム策定については**第7章**で説明します。

　X社を現金化した後の社長の生活設計などについても税理士であれば相談に乗りたいところです。M&Aにより事業承継問題は完了しますが、次世代への財産承継問題についてはさらなる検討課題であり、税務の観点からいろいろなアドバイスをすることができます。

　また、本件ではX社が本社不動産を社長から賃借していますので、今後の取扱いを考える必要があります。選択肢としては、①賃貸を継続する、②不動産も買手に買ってもらう、③本社を移転してもらい賃貸を終了する、の3つが考えられますが、①についてはM&A後の賃料水準について、②については売買金額について買手と交渉することになります。

　以上、種々のアドバイスをするにはM&Aに関するノウハウが必要になるのは言うまでもないのですが、何をするにも税務の知識が必要になる点が理解頂けると思います。現在はM&Aの専門家が税理士に相談しつつ実務を進めていますが、税理士がM&Aのノウハウを身に着けてしまえば、一人で全てこなせます。

第3章　事業承継対策としてのM&Aと戦略策定　15

Q8 親族内承継と M&A の比較

　顧問先の社長から事業承継の相談を受けています。従来、息子に継がせる前提で取締役として教育していましたが、経営者としての適性に疑問があるため、長年尽くしてくれた右腕的存在の役員への譲渡（MBO）や第三者への M&A も選択肢としたいので、両者の差異をアドバイスしてほしいとのことです。

A8

　事業面と財務面の両面からメリット・デメリットを比較の上で判断材料を提供する必要があります。

　従来、非上場の中小企業の事業承継といえば子息など親族への承継が大多数を占めていました。よって、事業承継対策といえば株価引下げ、課税繰延べ対策がメインでした。税制面でも相続時精算課税など株式の生前贈与を促進するツールが用意されており、近年も事業承継税制が拡充されています。一方で、ここ最近では後継者難もあり、M&A による株式譲渡も選択肢として認知されつつあります。また、M&A の一形態ですが経営陣への株式譲渡（MBO：マネジメントバイアウト）も行われるようになっています。

　図表 3-2 は主に税務面から各種手法を比較したものですが、1 と 2 が従来の親族内承継です。オーナーの相続まで何も対策しないのが 1 ですが、当然にガバナンスが混乱することに加えて相続時の自社株評価額がいくらになるかが不明であり想定外の相続税が課税されるリスクなどがあるため、計画的な生前贈与を検討すべきです。従来、種々の方策により株価引下げが行われてきましたが、2018 年度の税制改正で事業承継税制が拡充され、完全無税での生前贈与が可能になりました。ただし、贈与後に株式の継続保有などの要件を満たさない場合には、利子税と合わせて税金を納める必要が生じるため留意が必要です。

　3 と 4 が広義の M&A ですが、親族内承継とは異なりオーナーは売却代金を手にするので納税資金対策が不要となります。ただし、税引後の現金に対してはオーナーの相続時に相続税が課税されるため、売却代金の一部を他の資産に

【図表 3-2】 事業承継手法の整理

手法	前提	メリット	デメリット
1. 親族内承継 （相続）	―	・相続税のみで課税が完結する	・相続後のガバナンスの不安定化 ・納税資金対策が必要 ・自社の業績や市場株価によって財産評価額が変動
2. 親族内承継 （生前贈与）	・親族適任後継者の存在	・贈与税のみで課税が完結する ・株価が予測できるため相続よりは有利 →適切な株価対策による税額の低減 ・事業承継税制の拡充により無税の承継が可能に	・原則として納税資金対策が必要 ・事業承継税制での移転につき事後の課税に留意
3. MBO	・適任後継者の存在 ・後継者の資金調達	・自社株を資金化するため、財産額が確定 ・納税資金対策も不要	・対価は抑えめにならざるを得ない ・所得税と相続税の二重課税問題 →売却代金のマネジメントが重要に
4. M&A	・適切な相手先の存在	・優良企業であれば高株価での譲渡が期待できる ・自社株を資金化するため、財産額が確定 ・納税資金対策も不要	・所得税と相続税の二重課税問題 →売却代金のマネジメントが重要に

組み替えるなどトータルの税金のマネジメントが有益となります。オーナー以外の役員による MBO の場合、資金力がない場合が多いため、株式の譲渡価格は抑えめにならざるを得ないですが、能力と意欲のある部下がいる場合には有力な選択肢となります。こうした部下がいるにもかかわらず、高値売却にこだわって外部売却したりすると M&A 後の役職員の離反を招くおそれもあるので適切に段階を踏んで対処したいところです。それでもやはり創業者利潤の確保という観点からは外部の第三者への M&A に優位性があります。対象会社がどの程度の金額で売却できるか、後述する手法による計算値をオーナーに示しつつ、デメリットも含めて検討することになります。

Q9 売却に向く会社と向かない会社

デザイン会社を営む顧問先の社長から M&A による会社売却を検討していると相談されましたが、留意点を教えてください。

A9

社長の能力に依存している会社は第三者に売りにくい側面があります。また、デザイン会社の場合、デザイナーの離反などにも留意が必要です。一般論としては、仕組みで儲ける会社は売りやすく、属人的な技術やノウハウで儲ける会社は売りにくいです。

M&A による外部売却は、向いている業種と向いていない業種があるため、留意が必要です。特定の個人の能力に依存している会社は売りにくく、スタッフ個々人の能力というよりはビジネスモデルが確立されている会社は売りやすいです。この点、会計事務所の売却をイメージ頂くとわかりやすいと思いますが、所長の専門的能力や人脈に依存する事務所は、売却により所長が引退すると顧客も離れてしまうと考えるのが自然です。また、エース格の税理士が業務の大半をコントロールしているような事務所も M&A を機に独立されてしまう可能性があり、買手にとってはリスクがあります。

一方で、記帳代行など業務アウトソースをメインとする会計事務所はスタッフ個人の能力というよりも仕組みで儲けるモデルであり、顧客離反のリスクが

低いため M&A に適していると考えられます。

　このような観点で考えると我々税理士のような士業、エンジニアを多く抱えるIT企業、デザイン等アート系の会社など専門職が活躍する事業は人材流出リスクを考慮の上、手続きを進める必要があります。

　筆者の経験でもオーナー同士の合意で事業を買収したものの、実権を握っているナンバー2が離反してM&A後に役職員の大量退職が生じてしまった事案がありました。会社の売買は株主との合意のみで行えますが、M&Aを成功させるにはなかで働く役職員のモチベーションをいかに保つことができ、また高めることができるかが重要になります。

Q10 人間関係の重要性

　　　顧問先の社長から M&A での会社の売却を検討したいと相談を受けました。社長は創業者の息子なのですが、親族では後継者が見つからず悩んでいたところ、外部のアドバイザーから「財務内容から判断して高値で売却できるのでは」と提案されたそうです。顧問税理士として事前にアドバイスすべき点を教えてください。なお、対象会社の株主・役員構成は以下のとおりです。

株主	持株比率
代表取締役社長	40%
専務取締役（社長の兄）	20%
親族（社長の弟）	20%
取締役営業部長（社長と血縁関係なし）	5%
その他20名（対象会社OB）	15%

A10 M&A を円滑に進めるため、株主、役員、従業員に M&A について合意してもらえるかを事前に検討する必要があります。

　昨今、中小企業のM&Aが活況を呈しており、仲介会社も増加していますので業績好調な会社には売却の提案が多くなされているようです。仲介手数料は会社の売買価格によって決まり、売買株価は業績によって決まるので仲介会社

第3章　事業承継対策としてのM&Aと戦略策定　19

は業績を中心に会社を見ますが、会社を取り巻く人間関係を把握している顧問税理士は、数値からは見えない点についてのアドバイスができるという強みがあります。

　本件の場合、株主構成が中小企業の割には分散している点がポイントです。M&Aの買手は株式100％の取得を希望するのが基本ですので、社長の兄弟、営業部長及びOB株主が価格も含めてM&Aについて合意できるかどうか考える必要があります。社長の兄は専務取締役でもあり、報酬も支払われていると思われますので、M&A前後の処遇（退職するか否か、退職する場合の退職金の支払いの有無や、顧問としての継続関与など）も併せて合意ができるかを想定する必要があります。

　また、営業部長が本件M&Aをどのように受け止めるのかも重要なポイントです。会社は社長一族のものと割り切っており、オーナーが交代しても自身の職務にまい進するだけといった方であれば問題は起きにくいのですが、仕事ができる方であればあるほど、社長が多額の現金を手にすることでモチベーションが下がってしまったり、最悪の場合、顧客を引き連れて退職するなどのケースもあるので慎重な対応が必要です。独立心旺盛で経営者としてもやっていける方であれば、営業部長に会社を売却することも考えられます。いわゆるMBO（マネジメントバイアウト）ですが、この場合、サラリーマンの営業部長には資金調達能力がないのが一般的ですので、社長や会社の信用力を用いた資金調達など一工夫する必要が生じます。

　その他、OB株主20名からの株式の買集めも重要なテーマです。どのような経緯で株を持たせたかにより、いくらで買い取るべきかなど戦略が異なってきます。

　以上、中小企業は大企業に比較してウェットな人間関係が基盤になっていますのでM&Aにあたっても、各当事者の人間関係を把握した上で事に当たる必要があります。この意味で外部の仲介会社が関与するにしても全てを任せるのではなく、顧問税理士が関与することが重要と考えています。

M&A 税理士コラム②：キーパーソンを見極める

　中小企業の場合、役職はあまり意味を持たないことも多いので、先入観を持たずに社内のパワーバランスを見極めることが極めて重要です。社長には全く求心力がなく実権を握っているのがナンバー2の専務であった点を軽視してM&Aを進めた結果、ナンバー2以下主要社員がほぼ退職してしまった事例や、夫が社長、奥様が副社長の会社において社長メインで交渉を進めたのですが、最終局面で奥様が反対して破談になった事例などを実際に経験しました。案件ごとにキーパーソンを見極める重要性を実感しています。

Q11　買手に係る検討事項

　顧問先の社長から連絡があり、メインバンクからM&Aで会社を取得することを勧められ、前向きに検討したいと相談されました。顧問税理士として何をアドバイスすべきですか？

A11　①取得すること自体の合理性、②取得後の経営体制、③取得する場合の価格目線や資金調達、④取得する場合のスキームなどを議論すべきです。

　まず、①M&Aで会社を取得すること自体の合理性について確認しますが、そもそも何を目的としたM&Aなのかを確認します。買手にとってのM&Aは投資であるため当然に経済的なリターンを求めて行う訳ですが、「息子をいきなり自社の後継社長にするのも荷が重いので小規模な会社を買って役員として修行させるため」、「自社の後継者社長は能力面から次男にするが、長男の居場所を確保してあげるために比較的経営の楽な安定した会社をM&Aで取得してあげる」など、中小企業ならではの興味深い事例にもお目にかかります。買手を取り巻く環境を総合的に勘案し、会社を取得する合理的な理由があるかどうかを冷静に判断した上でアドバイスしなければなりません。

　次に対象会社のビジネスの現状と将来性に対する見解とともに顧問先が買っ

第3章　事業承継対策としてのM&Aと戦略策定　21

た場合のシナジーやディスシナジーについて議論をします。シナジー効果は
M&Aによる相乗効果ですが、対象会社が保有する経営資源（販路、技術、拠点、
人材等）の活用による自社のビジネスの拡張などが典型例です。一方で、
M&Aによる負の効果についても想定する必要があります。例えば、仕入先の
会社を取得したところ買手のライバル会社が仕入れをストップして売上げが急
減した事例、また、売手の社長が退任したことで既存の顧客が離反して売上げ
が急減した事例などもあります。こうしたリスクを把握する手続きがデュー・
ディリジェンス（DD）となりますが、詳細は**第6章**で説明します。

②買収後の経営体制も重要です。一般的には売手の社長はM&A後に退任し
ますのでM&A後の経営体制を決める必要がありますが、中小企業では人材が
不足する点は否めないため、買った後に誰が経営に当たるのか想定しておく必
要があります。

上記の議論を経て取得が合理的であるとなった場合、③取得する場合の価格
目線や資金調達について検討する必要があります。M&Aにおける株価評価に
ついては**第5章**で説明しますが、先方から提示された金額が一般的な企業評
価の手法と比べて高いのか安いのか意見するとともに、取得資金をどうやって
調達するのか、借入れする場合の買手の資金繰りへの影響など、買手の財務状
況を把握している顧問税理士としてアドバイスを行います。

また、④取得する場合のスキームも税理士の腕の見せ所です。スキームは対
象会社のリスクによっても変わってきますが、詳しくは**第7章**で説明します。

Q12 買手に係る検討事項（事例検討）

顧問先の社長より、部品の仕入先であるX社のM&Aを検討しているので意見がほしいといわれました。何を確認して何をアドバイスすればよいのでしょうか？

A12

Q11で解説した諸点について情報入手の上、具体的なアドバイスをすることが考えられます。

【図表3-1】M&A案件概要（再掲）

```
─案件概要─
・業種：卸売業（大手メーカーZ社の一次販売代理店）
・株主：社長夫妻及び専務（共同創業者）
・年商：9億円弱
・営業利益：約3,500万円
・純資産：約4億円
・売却理由：後継者難
・スキーム：100%株式譲渡
・希望売却価格：6億円
・特記事項：本社不動産は社長から賃借
```

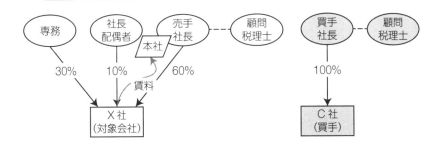

本問はQ7を買手サイドから見たものです。まず、先方の売却理由から確認します。本件では後継者難による売却とのことですが、共同創業者の専務に承継することをせず、外部売却に至った経緯を確認することが重要です。次に買手が取得を希望する理由、取得に伴うシナジーやディスシナジーを検討します。本件では大手メーカーZ社の販売代理店の地位につき、株主が変動しても同条

件で契約が維持できるのか、また、C社の傘下に入った場合に他の得意先の離反を招かないかなどが考慮点となります。

　取得後の経営体制についても議論が必要です。現在の社長及び専務はすぐに退任するのか、引継ぎ期間を設けて処遇する場合の待遇や、後任の経営体制について検討する必要があります。

　次に売手の希望売却価格6億円について合理性があるか初期的な判断を行います。株価評価については**第5章**で詳細に説明します。また、顧問税理士であれば、株式の取得資金についてどのように調達するか、調達後の資金繰りについてもアドバイスが可能です。

　以下、本書においては本問のX社を題材に、M&Aに関する各種業務について具体的な決算数値に基づき解説していきます。

第4章　M&A手続きとM&A支援業務の全体像

Q13　M&A手続きの全体像

M&A手続き全体の流れを教えてください。

A13　事前準備、探索業務（ソーシング）、実行業務（エグゼキューション）の流れとなります。大企業のM&Aでは、会計士や税理士の業務はほぼ実行段階に限定されていますが、中小企業のM&Aでは案件全体のコントロールをする役割が求められるケースも増加するものと思われます。

【図表4-1】M&A手続きの流れ

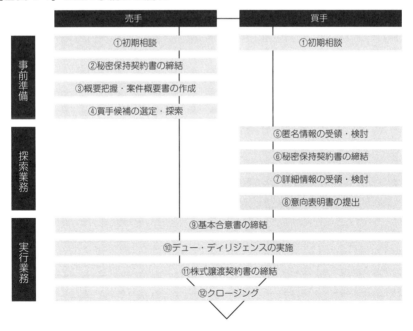

図表 4-1 は相対取引における M&A 業務の流れの全体像を示したものです。詳細については次ページ以降で解説しますが、大きく分けて事前準備、探索業務（「ソーシング」とも言います。）、実行業務（「エグゼキューション」とも言います。）に区分されます。まず、事前準備では①売手からの事前相談に基づき、アドバイザーが②秘密保持契約書やアドバイザリー契約書を締結した上で、③案件の概要把握を行い、買手候補に提示する案件概要書を作成します。また、④売却の基本方針、買手候補や譲渡株価の目線について売手と議論を重ねます。

次に探索業務の段階では、買手候補に対して⑤匿名情報を開示して興味の有無を確認し、興味を示した候補に対しては⑥秘密保持契約書を締結した上で、⑦案件概要書他、決算書や人事情報などの詳細情報を開示します。買手はこうした情報を検討し、株式取得を希望する場合には、株式の取得価格や取得スキーム、その他諸条件を記載した⑧意向表明書を提出します（相対取引の場合は口頭での調整を経て直接基本合意書を締結するケースもあります。）。

売手が意向表明書の内容を受け入れることができる場合、⑨基本合意書を締結しますが、基本合意書は法的拘束力を持たせないケースが一般的です。合意書締結後、⑩デュー・ディリジェンスにより対象会社の詳細を調査した上で、株価交渉やその他の条件交渉を経て⑪株式譲渡契約書の締結を行い、売買代金を決済して⑫クロージングとなります。

Q3 でも解説しましたが、大企業の M&A では全体のコントロールは投資銀行や専門のアドバイザリー会社が行うことが一般的ですので、税理士や会計士の業務は実行段階の業務に限定されます。これに対して中小企業の M&A では税理士や会計士が案件全体のコントロールをする役割が求められるケースも増加するものと思われます。前述したとおり、顧問税理士は対象会社の社長と長年にわたる関係を築いていますのでアドバイザーに適任の存在であり、専門業者に任せきりにせず、積極的に関与したいところです。

26　第 2 部　中小企業の M&A 実務（戦略策定・全体統括編）

Q14 事前準備の手続き

M&A 業務における事前準備の手続きを教えてください。

A14 M&A の目的、対象会社のビジネスや組織、財務状況について十分に把握した上で、M&A 全体の戦略を検討し、買手候補となる会社を選定することになります。

(1) 契約の締結

まず、秘密保持契約書やアドバイザリー契約書（**巻末資料**参照）を締結します。顧問先の売却支援であれば、既に顧問契約書などで守秘義務は約していると思いますのでアドバイザリー契約書を締結します。

(2) M&A の目的の理解

アドバイザリー契約を締結した上で、M&A の目的について売手とディスカッションします。中小企業の場合、後継者難による事業継続目的が最も多いのですが、社長としては続投したいが、より大きなビジネスに取り組みたいので上場企業と提携したいなどの理由もあります。前者の場合は会社がいくらで売れるのかが興味の対象となるのに対して、後者の場合は上場企業の傘下に入った後の社長の処遇が重要な論点となります。

(3) 対象会社のビジネスの理解

次に、対象会社のビジネスを理解し、M&A においてアピールできる点や逆に問題となる点を把握します。顧問先であれば財務数値や税務申告の状況は理解していると思いますが、その他に以下の点を確認します。

① 会社が属するマーケットの現状と将来性
② 会社の過去の業績推移と今後の見込み
③ 他社との差別化要因（人材、技術、販路など）
④ 会社とオーナー一族との取引や私的資産の保有

第 4 章　M&A 手続きと M&A 支援業務の全体像　27

筆者も含めて税理士や会計士は数字に基づき過去の事実を把握することは得意ですが、将来を見通すことは苦手な方が多いと思います。しかし、M&Aは会社の将来を買う手続きになりますので、現在の対象会社のポジションを把握した上で、将来の成長可能性やリスク要因を考えます。この点、本書で詳細説明はしませんが、会社・業界分析の手法としてSWOT分析や5フォース分析などがよく用いられます。

(4)　M&Aの全体方針の決定と買手候補の選定

上記（1）から（3）を踏まえてM&Aの全体方針につき売手と相談し、買手候補を検討します。検討すべき事項は以下のとおりです。

① 　売却スキーム（売手との取引や私的資産の処理方針）

② 　売却後の経営体制（役員と従業員の処遇）

③ 　売却価格

④ 　売却スケジュール

①〜④の詳細は以後の各章で説明しますが、その条件によって買手候補との相性が決まってきます。この点は**Q15**で説明します。

Q15 売却候補先選定の考え方

M&Aにおける買手先選定の着眼点と手続きを教えてください。

A15　買手には同業他社や既存取引先、また属性としてはオーナー系事業会社、上場企業、投資ファンドなど様々考えられますが、何を重視するかによって適した買手が異なってきます。

図表4-2は買手候補とM&Aの全体方針の関係についてまとめたものです。

まず、①同業他社ですが、事業に関する説明をする必要がないので自社の良い面も悪い面も評価されます。数字には表れていないが卓越した製造技術や特許を保有していたり、大手の会社と取引口座を持っているなど同業であるからこそ評価できるポイントがあります。一方で業界特有のリスクや問題点につい

【図表 4-2】 M&A の全体方針と買手候補

買手候補	①同業他社	②既存取引先	③オーナー系事業会社	④上場企業	⑤投資ファンド
売却スキーム	・取得後に合併の可能性	－	－	・厳格な DD による変更可能性	・厳格な DD による変更可能性
売却後の経営体制	・経営陣残留の可能性低い	－	・経営陣残留の可能性低い	・経営陣残留の可能性低い	・経営陣残留の可能性高い
売却価格	・事業の特徴を踏まえた評価	・事業の特徴を踏まえた評価	・仲介会社方式による評価	・キャッシュフローベースの精緻な評価	・キャッシュフローベースの精緻な評価
売却スケジュール	－	－	・迅速な意思決定	・社内手続きに時間を要する	・社内手続きに時間を要する
その他	・情報流出の可能性あり ・従業員のモラールダウンの可能性	・情報流出の可能性あり ・他の取引先への影響を要考慮	・社風が合うか	・社風が合うか ・従業員のモラールアップの可能性	・投資ファンドのエグジットを要考慮

　ても熟知している点は売手にとっては不利になります。ライバル会社の子会社となることを嫌うオーナーも多いですし、それにより従業員の士気が下がる可能性がある点はマイナス要因です。また、情報漏洩や業界内に事業売却のうわさが広まってしまうことも懸念されるので慎重な対応が必要です。

　②の既存取引先への譲渡は実務上よくあるケースです。売手としては相手と長年の付き合いがありますので安心感がある点がメリットとなります。デメリットとしては既存顧客が離反する可能性が挙げられます。複数の上場メーカーを顧客に持つ卸売会社が、そのうちの1社であるA社の傘下に入ったところA社のライバルであるB社やC社が商品を買ってくれなくなったといった話もあります。また、同業他社同様、情報漏洩の可能性もあります。M&Aの過程では顧客別の取引条件など機密事項も開示をすることになりますが、M&Aが成立しなかった場合、取引先に機密情報を知られただけに終わること

にもなりますので情報開示には慎重な対応が必要です。

③から⑤は買手の属性の比較です。③のオーナー系事業会社であれば意思決定が早くスケジュールが比較的スムーズに進みます。考慮点ですが、オーナー企業はオーナーの個性が企業の個性に強く反映しますので社風が合わない場合、従業員が退職してしまうなどのデメリットが生じます。なお、株価評価については現在、非上場企業による非上場企業を対象とした M&A では後述する仲介会社方式が一般的となります。

④上場企業は③と全く逆で、デュー・ディリジェンス（DD）や機関決定などの手続きがあるためスケジュールは後ろ倒しになります。また、譲渡価格は厳格な DD を行った上で DCF 法（ディスカウント・キャッシュフロー法）などを用いて決められますので成熟企業の評価額は厳しいものになることが多いです。従業員にとっては知名度のある企業グループに入れることになるので仕事の進め方についていけるかといった課題はあるものの、士気が上がる効果も期待できます。オーナーが従業員の将来を案じて信頼できる上場企業に自社を託すというのはストーリーとしても美しいのですが、上記のデメリットも勘案して候補にするか決めたいところです。

最後の⑤投資ファンドも基本的には上場企業と同じですが、一番異なるのはファンドは投資の回収で利益を上げないといけないので、原則として3年〜5年後には再売却されるという点です。また、ファンドは金融投資家であり、事業経営のノウハウは持たないことが多いので、交渉次第ですが、株式を売却した後も経営陣として残留できるメリットもあります。

Q16 初期的な情報開示と秘密保持契約書の締結

相対取引における M&A について探索段階の手続き（秘密保持契約書の締結まで）を教えてください。

A16 候補先に匿名（ノンネーム）情報の開示を行い、興味を示した先と秘密保持契約書を交わします。

30　第2部　中小企業の M&A 実務（戦略策定・全体統括編）

売却候補先の条件が決まったら具体的な打診先を決めていきます。売手や自身（税理士）の個人的なネットワークの他、金融機関や専門の仲介会社に紹介を依頼するなどの手段で進めます。低金利下で収益源の多様化を迫られている地域金融機関はM&A業務に活路を見出すべくM&A業務を積極化しており、幅広い候補先紹介が見込めますが、情報管理などについては十分な留意が必要です。専門の仲介会社については上場大手からネット専業のブティックまで近年多様化していますので対象会社の規模や希望する買手の属性に応じて使い分けることが有益です。今後は税理士会のマッチングサイト「担い手探しナビ」を活用した仲介も増えていく可能性があります。

　候補先の探索・選定には入札方式と相対方式がありますが、非上場の中小企業のM&Aは相対取引で行われるケースが多いです。まず、候補先に匿名情報（「ノンネームシート」、「ティーザー」といいます。）を交付します（**巻末資料**参照）。これは1枚ものの簡易な情報ですが、興味を示した先と秘密保持契約書を交わし、ビジネスや財務、人事に関する詳細情報の開示を行った上で、買手候補に検討してもらいます。

【ノンネームシートの主な記載事項】

（1）会社の概要
　　業種／所在地／売上高／役職員数／事業の特徴
（2）M&Aの概要
　　売却理由／希望価格／その他希望条件／売却スキーム／売却プロセス

　ノンネームシート開示時点では相手先と秘密保持契約は締結していませんので社名を悟られないよう最低限の情報開示となります。とはいえ買手候補の興味を引くような記載にする必要があり、工夫のしどころとなります。希望価格については買手候補が最も気になるところですが、価格だけ見てM&Aの手続きから降りないようにあえて記載しない場合もあります。

　買手候補先はノンネームシートに基づきM&Aを検討するか判断しますが、検討する場合、売手と秘密保持契約書（**巻末資料**参照）を締結した上で、詳細な情報開示を受け本格的な検討に入ります。

Q17 詳細な情報開示と買手候補による検討

相対取引における M&A について、買手による検討プロセスの概要を教えてください。

A17

買手候補先が詳細情報の開示を受け、M&A に正式応募するかの検討を行います。検討の過程においては、売手経営陣に対するヒアリング、工場や店舗など現地の見学を行ってもらうことが一般的です。

秘密保持契約書を締結した後、買手候補には対象会社の詳細な情報を開示します。一般的な開示資料は**図表 4-3** となります。

図表 4-3 の書類は、直近 3 期について開示するケースが実務上は多いと思いますが、買手としては決算書についてはできるだけ長期（最低 5 期、できれば 10 期）の資料を依頼してみることをお勧めします。後述する DD でも同様ですが、「木を見る前に森を見る」ことが重要です。短期の決算の推移を細かに見る前に、より長期の業績推移を眺めると違った景色（例えば、真の売却理由など）が見えてくることも多々あります。

資料の開示方法については、資料のコピーを直接交付する他、最近ではクラウド上のデータベースに資料を保存することも行われます。後述する入札案件では作業の効率化のためデータベースを活用するケースが多いです。

また売手アドバイザーが IM（Information Memorandum の略。「アイエム」と読みます。）と呼ばれる対象会社要約資料を作成し、別途交付することも行われます。M&A の仲介会社は各社のフォーマットで IM を作成しますが、相対取引の場合、必要事項を個別に説明すればよく、IM は必ずしも必要な資料ではありません。

買手候補は開示された情報に基づき対象会社を分析し、正式に M&A を申し込むか、申し込む場合の価格やその他の諸条件を検討します。検討の過程においては、売手経営陣に対するヒアリング（「トップインタビュー」、「マネジメントインタビュー」などと呼びます。）、工場や店舗など現地の見学を行ってもら

32　第 2 部　中小企業の M&A 実務（戦略策定・全体統括編）

【図表 4-3】 一般的な開示書類

区分	資料名
ビジネス	・会社案内
	・商品パンフレット
法務	・定款
	・登記簿謄本（商業登記簿、不動産登記簿）
	・重要な契約書（取引基本契約書、賃貸借契約書等）
	・商標権や特許権の一覧表
	・株主名簿（注）
財務	・決算書及び勘定明細
	・確定申告書（法人税、地方税、消費税）
	・固定資産台帳
	・資産の時価に係る資料（不動産、車両、有価証券、生命保険等）
	・簿外債務がある場合の金額算定資料（退職金、未払残業代等）
	・売上高、仕入高の上位 10 社の内訳
	・得意先別、製商品別の粗利益（注）
	・直近の月次試算表
	・年度予算、中期計画（注）
人事・給与	・組織図
	・人事関連規程
	・役員の経歴書
	・従業員名簿
	・給与台帳

（注）中小企業では作成していないことが多い

うことが一般的ですが、この段階では一般従業員は M&A について知らされていないため、見学は別名目（取引先の視察や銀行による監査等）で行います。

　売手のアドバイザーとしては、極力情報を開示するとともに重要事項は早めに開示し、対象会社の実態をよく理解してもらうよう努めることが重要です。基本合意後に行う DD で大きな検出事項が生じると買手は疑心暗鬼になり、案件がブレイク（頓座）しやすくなるためです。また、基本合意書の締結を想定し、双方の希望価格を口頭で聞きつつイメージ感のすり合わせを行っておくことも重要です。このあたりは経験を積むことで上手くなってくる部分です。

第 4 章　M&A 手続きと M&A 支援業務の全体像　*33*

Q18 M&Aにおける情報開示と個人情報保護法

X社の社長です。今般、取引先のC社を候補先としてM&Aによる事業承継を検討しています。秘密保持契約書も締結しているため、社員の個人情報なども開示して問題ないでしょうか？

A18 個人情報保護法の観点からは従業員の同意なき個人情報開示は制限されています。事業譲渡の局面では例外的に開示が認められるようですが、一般的な回答としては氏名を黒塗りした資料を開示するなどの対応が無難と理解しています。

従業員に関する情報はM&Aにとって財務情報と並んで非常に重要であり、**Q17**で解説したとおり、従業員名簿や給与台帳などは開示を求められることが一般的です。

一方で、現在、全ての事業者について個人情報保護法が適用されるため、会社は従業員の個人情報（氏名、並びに生年月日、連絡先（住所・居所・電話番号・メールアドレス）、会社における職位又は所属に関する情報について、それらと本人の氏名を組み合わせた情報など）を本人の同意なく、第三者に開示することは原則認められていません。

この点、例外として、「合併その他の事由による事業の承継」により、当該事業に係る個人情報が提供される場合は、当該提供先は第三者に該当しない旨が法定されています。また、当局より公表されているガイドラインにおいて、「合併、分社化、事業譲渡等」が事業の承継に該当する旨が例示されているとともに、事業承継に係る契約締結前の交渉段階で、相手会社から自社の調査を受け、自社の個人データを相手会社へ提供する場合も事前同意なき情報開示が認められる旨が記載されています。

ここで、中小企業のM&Aで一般的な株式譲渡のDDにおいて本人同意なき情報開示が認められるか否かは定かではありません。筆者は法律の専門家ではないためこれ以上の言及は避けますが、実務的には氏名を黒塗りにした資料開示を行うことも多く、当該方法が無難であると理解しています。

34　第2部　中小企業のM&A実務（戦略策定・全体統括編）

Q19 基本合意書の締結

相対取引における M&A に係る基本合意書の締結につき概要を教えてください。

A19

M&A の主要項目（スケジュール、スキーム、金額目線、役員や従業員の処遇、DD の実施等）につき書面で合意書を交わします。基本合意書には法的拘束力を持たせないことが一般的ですが、道義上、一定の心理的拘束力が生じます。

Q16 及び Q17 のプロセスを経て売手と買手が協議を行い、M&A の主要項目（スケジュール、スキーム、金額目線、役員や従業員の処遇、DD の実施等）につき売手と買手が合意に至れば基本合意書（**巻末資料**参照）を締結します。基本合意書で規定する主な項目は以下のとおりです。

【基本合意書の主な合意項目】

```
(1) 譲渡株数及び譲渡金額
(2) 役員の処遇及び退職慰労金
(3) 最終契約書締結までのスケジュール
(4) DD の実施と売手の協力
(5) 売手の善管注意義務
(6) 売手及び買手の守秘義務
(7) 独占交渉期間
(8) その他協議事項（X 社の場合であれば本社の取扱い等）
```

基本合意書に定める M&A の諸条件（取引金額や役員の処遇等）については法的拘束力を持たせないケースが一般的です。とはいえ正当な理由なき変更を行うことは難しくなりますので、譲渡金額につき書面を交わすことに意味はあります。また、買手としては独占交渉権を希望することになります。DD で 1 ヵ月、その後の最終交渉に 1 ヵ月は要しますので通常は 2 ヵ月から 3 ヵ月程度で独占交渉期間を設定します。

第 4 章　M&A 手続きと M&A 支援業務の全体像　35

Q20 相対取引と入札取引の比較

M&A の相手先を入札取引で決定する場合もあると聞きました。入札取引の概要と相対取引と比較したメリットとデメリットを教えてください。

A20

競争原理により高い金額が期待できるメリットがある反面、手間がかかり小規模案件では割に合わないのと情報漏洩のリスクがある点がデメリットです。

　M&A の対象会社が業績のよい優良企業であれば競争入札を行ってよりよい条件を提示した候補に売却を行うという手法も考えられます。アドバイザーとしては相対取引よりも手間が余計にかかることから、あまり小規模な案件ですと入札の手続きは割に合いません。

　多数の候補者が集まれば競争原理でより高い価格が提示される可能性も高まりますが、情報漏洩のリスクも高まる点には留意が必要です。入札に参加すれば守秘義務契約は締結するものの対象会社の財務情報や業務機密などにアクセスできます。本気で買う気のない同業他社が参加して企業秘密を持ち去ってしまったなどの事例も見聞きしますので、入札を行う場合にはどういった買手候補にアプローチするかを入念に検討する必要があります。

　具体的な手続きは詳細情報の開示までは相対取引と同じですが、一定の期日を設けて買手に一斉に意向表明書を提出してもらいます。入札手続きの案内（プロセスレター）と意向表明書のひな形は**巻末資料**をご参照ください。意向表明書では①売買金額とその算定根拠、②取得後の経営方針、③取得後の役員・従業員の処遇、④取得スキームなどを表明してもらいます。売手は総合的な判断を行い買手候補を原則1社に絞った上で通知し、基本合意書を締結します。

36　第2部　中小企業の M&A 実務（戦略策定・全体統括編）

Q21 実行段階の手続き
....

M&A 業務について実行段階の手続きの流れを教えてください。

A21
各種専門家による DD を行った上で売手と買手が交渉を行い、最終契約書を締結し、売買代金を決済してクロージングとなります。

　基本合意を行った後、DD のプロセスに入ります。税理士や会計士による財務・税務 DD と弁護士による法務 DD が基本となりますが、案件によっては不動産鑑定士による不動産 DD、社会保険労務士による人事 DD などを併せて行うこともあります。専門家の調査は費用もそれなりにかかりますので、買手のアドバイザーは案件全体を俯瞰しつつ、リスク要因となりそうな項目について調査の実施を買手に勧めます。

　上場大企業の場合、DD に数ヵ月かけることもありますが、中小企業の場合は 1 ヵ月程度で実施するケースが多いです。決算書や総勘定元帳、税務申告書や各種契約書などを対象会社に準備してもらった上で対象会社を訪問し、調査を実施します。対象会社への訪問は 1 日～3 日程度が一般的かと思います。詳細は次章以降で解説しますが、DD によって対象会社のリスク要因を洗い出した上で、売手と買手が交渉し、最終契約書を締結します。

　特に問題がなければ直ちにクロージングしてもよいですが、通常はクロージングにあたって実施すべき項目が複数生じますので（例えば、会社が保有する私的資産の切離しやオーナー会社間の取引の解消）、こうした項目を解消した上で、売買代金を決済し、株券（発行会社の場合のみ）、印鑑やカギなどの重要物品を引き渡してクロージングとなります。

第 4 章　M&A 手続きと M&A 支援業務の全体像　37

Q22 実行段階における M&A 支援業務の相互関連性

税理士が行う M&A 支援業務の相互の関連性を教えてください。

A22

DD により検出されたリスク要因をスキームの工夫によって遮断・軽減できる場合があります。また、リスク要因はバリュエーションにマイナスの影響を及ぼしますが、これもスキームの工夫で軽減させることが可能な場合があるなど各業務は密接に関連しています。

【図表 4-4】M&A の支援業務の全体像と相互関連

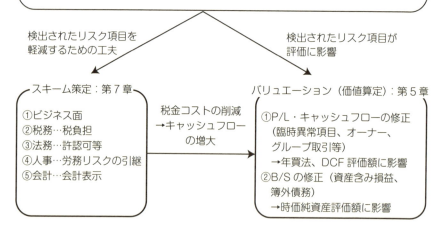

図表 4-4 は M&A の実行段階における支援業務の全体像と関連性を示したものです。DD、バリュエーション及びスキーム策定は独立したものではなく相互に関連していることを理解することが重要です。

まず、DD ですが、図に列挙したとおり、各種観点から対象会社を M&A で取得する際のリスク要因を洗い出す手続きとなります。税理士や会計士が行う財務・税務 DD は必須の手続きと言えますので**第6章**で詳しく説明します。弁護士が行う法務 DD も大多数の案件で行われますが、**図表4-4** の DD の欄内の④以降の DD については必要に応じて行われます。めっき工場の売買で土地の環境汚染が心配であれば専門家に依頼し環境 DD を行いますし、多様な形態で人員を雇用し、未払残業代や名ばかり管理職など労働法規上の問題が懸念されるのであれば社会保険労務士に依頼して人事面の調査を行うといった感じです。こうした DD を行う場合、案件全体をコントロールする税理士としては常にリスクを定量化する思考を持つことが大切です。後述しますが、金額に換算できるリスクであれば売買金額の調整などでクリアできるためです。

　次にスキーム策定ですが、DD において検出されたリスクについてスキームを工夫することで遮断したり軽減したりできることがあります。株式取得では対象会社の潜在リスクが全て引き継がれますが、スキームを事業譲渡に切り替えることによりリスクを遮断するといった対応が可能です。また、スキームを工夫することで税金コストの削減が可能になるのであれば、利益やキャッシュフローが増加しますので株価評価にもプラスの影響が生じます。スキーム策定の要点については**第7章**で解説します。

　最後にバリュエーション（価値算定）ですが、DD においてリスクが検出された場合、当然に評価額に対してマイナスの影響を与えます。中小企業の M&A では仲介会社方式と呼ばれる方法が一般的で、これは**第5章**で解説します。

　以上、M&A の実行段階における支援業務の相互関連について説明しました。以後の章では個別業務の詳細について**第3章**で取り上げた X 社の事例に基づき解説しますが、細かな内容も含まれますので細部に入りすぎて自らの立ち位置がわからなくなった際は、本問の図表に立ち返ってもらいたいと思います。

M&A 税理士コラム③：M&A 支援業務の報酬感

　本書では税理士の皆様に対して、M&A 業務への関与を提案しているわけですが、講演等でこのテーマでお話ししますと報酬額の水準についてよく聞かれます。この点、本章で解説したいわゆる FA 業務（相手先の探索から全体コントロール、最終交渉まで）の場合、報酬は以下の「レーマン方式」と呼ばれる算定式をベースに計算されることが一般的です。しかし、最近ではアドバイザー間の競争も活発化しており、実際の相場はより低下していると思います。また、相手がいなければそもそも M&A は始まりませんので相手探しを含むのか否かが報酬額に大きく影響します。

レーマン方式の例

取引金額	報酬額
取引金額 5 億円までの部分	5%
取引金額 5 億円超 10 億円以下の部分	4%
取引金額 10 億円超 50 億円以下の部分	3%
取引金額 50 億円超 100 億円以下の部分	2%
取引金額 100 億円超の部分	1%

　一方、第 3 部で解説する個別業務については、作業工数によりますので一概には言えませんが、あえて個人的な理解で言うと報酬額は最低 100 万円からといった感じかと思います。ただし、M&A 業務も徐々にコモディ（画一）化が進んでおり、より廉価で行っている専門家も存在します。企業規模が小さく買収金額が低い案件の場合、買手にとっては報酬額が高く感じられることもありますが、企業規模が小さくてもやるべき業務はさほど変わりませんし、会社を買うということは過去から将来までの全てのリスクを引き継ぐことになりますので DD 等の業務の重要性を丁寧に説明し、買手に理解を頂くようにしています。

第3部　中小企業の M&A 実務
（個別業務編）

第5章 | バリュエーション（価値算定）の要点

Q23
M&A における株式評価方法と中小企業の M&A における株式評価方法

中小企業の M&A において用いられる株式評価方法を教えてください。

A23
時価純資産価額に正常営業利益の何倍かの営業権（のれん）を加算する、いわゆる仲介会社方式が主流となっています。

【図表 5-1】 M&A における企業価値の算定方法

分類	主な算定手法	メリット	デメリット
①インカムアプローチ	DCF 法	・将来収益も含めた評価が可能	・事業計画や割引率に恣意性介在のリスク
	収益還元法	・過去の利益に基づく収益力を反映	・将来の利益変動が反映できない
	配当還元法	・少数株主の評価に適した方法	・将来の配当変動が反映できない
②アセットアプローチ	時価純資産方式	・客観的な評価が可能	・あくまで評価時点の静的な評価であり、収益力が反映できない
①と②の折衷法	仲介会社方式	・収益力と資産価値の両面を考慮 ・経営者にとって理解がしやすい	・将来の利益変動が反映できない
③マーケットアプローチ	市場株価法	・第三者により形成される市場価格であり客観性が高い	・短期的な株式相場の影響を受ける
	類似会社比準法（PER、PBR EV/EBITDA 倍率）	・業種に応じた営業権の評価が可能	・類似会社の選定に恣意性介在のリスク

42　第 3 部　中小企業の M&A 実務（個別業務編）

図表5-1は、非上場企業に限定せず、M&Aにおける企業価値の算定手法を概観したものですが、事業からもたらされる利益ないしキャッシュフローから事業価値を算定するインカムアプローチ、事業が有するストックに着目するアセットアプローチ及び株式市場から事業の価値を推定計算するマーケットアプローチに大別されます。

本書のテーマである中小企業の評価で現状、最も用いられている手法が時価純資産価額に、年買法により算定した「営業権」（「のれん」とも言いますが本書では原則、「営業権」の語を用います。）の評価額を加算する方式ですが、上記図表の整理では①のインカムアプローチと②のアセットアプローチの折衷法という位置づけとなります。M&A専門の仲介会社が幅広く用いることにより普及したため、最近は「仲介会社方式」とも呼ぶようであり、本書でも当該呼称を用いますが、企業の収益面と資産面をバランスよく評価に織り込める点が優れており、また投資額をおよそ何年で回収できるかという経営者の思考に非常にマッチする方式であるため広く普及したものと思われます。

ただし、年買法による営業権はあくまで過去の利益に基づき算定されるため、利益が安定しない会社や将来の黒字化に向けて赤字が継続しているような会社の評価には適さない点は押さえておく必要があります。

この点、企業の価値は事業運営から将来もたらされるキャッシュフローの総和であるべきであることから、理論的にはDCF法（ディスカウント・キャッシュフロー法）が最も優れていますが、同手法を採用する前提として将来の事業計画が客観的な根拠に基づき策定されている必要があるため、事業承継目的の中小企業のM&Aではほとんど用いられていないのが実状です。また、マーケットアプローチについては評価対象が上場企業であれば、自社の株価は最も尊重されるべき指標となりますが、非上場企業については業種や規模が類似する類似会社を選定することが通常は難しいため、こちらもまず用いられません。

よって、中小企業のM&A実務においては仲介会社方式をマスターすればこと足りることになります。M&Aにおけるバリュエーションなどと言うとDCF法やEV/EBITDA倍率などと専門的な用語が飛び交い、税理士にとっては縁遠い分野と思うかもしれませんが、それは上場企業や投資ファンドなどの世界の話であり、一般的な非上場企業のM&Aの局面においては意外と簡便的な手

法により対価が計算されています。具体的な説明は次の **Q24** にて行います。

Q24 仲介会社方式による株式評価

仲介会社方式による株式評価方法について教えてください。

A24 時価純資産価額に正常営業利益の 3〜5 年分の営業権を加算して株式価値を算定します。資産の含み損益の把握や営業利益の正常化の手続きは DD の調査結果に基づき行います。

【図表 5-2】仲介会社方式による株式評価

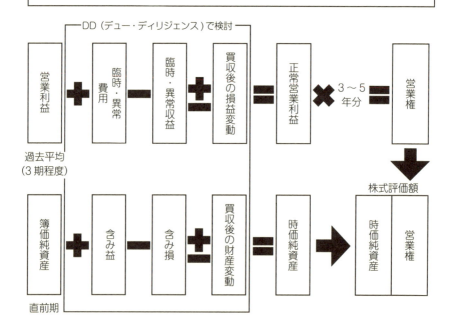

仲介会社方式による株式評価のプロセスを図示すると **図表 5-2** のようになります。

(1)　年買法による営業権の算定

　図中上段が年買法による営業権の算定プロセスです。年買法とは正常営業利益の3年から5年分をもって営業権の評価額とする算定手法ですが、計算が比較的単純であることや、投資額を何年間の利益で回収できるかという経営者の思考回路にマッチする手法であるため、現行の実務では大半のケースでこの手法が用いられています。

　ただし、留意すべきは決算書の営業利益をそのまま使うのではなく、臨時・異常な損益項目やM&A後の損益変動を修正した正常営業利益を用いるという点です。この営業利益の正常化を検討するのがDDという位置づけとなります。

　投資回収期間の考慮という意味では、正常営業利益から法人税等の負担を控除した税引後の営業利益を用いるべきとも考えられ、実務的にはどちらのケースも見られます。また、近年の実務では営業利益の代わりに減価償却費を加算した償却前営業利益に基づき営業権を算定する方法も散見されます。会計上の利益ではなくキャッシュフローによりアプローチする考えによりますが、減価償却費のみ加え戻したのでは設備投資のキャッシュアウトが考慮されていないため、取得後に多額の設備投資が予定されているようなケースにおいては評価に与える影響を別途考慮する必要があります。

(2)　時価純資産価額の算定

　次に、図中下段が時価純資産価額の算定プロセスです。営業利益の正常化のプロセスと同様に、決算書における簿価純資産を起点としてDDにより資産の含み損益や事業譲渡前後の資産変動額を算定し、時価純資産価額を計算します。相続税や贈与税における非上場株式の株式評価においても純資産価額方式は用いられており、考え方は同一ですので税理士であれば問題なく理解できると思います。

　財産評価基本通達の純資産価額方式では資産の含み益に対して37%の税負担が控除されますが、仲介会社方式においても含み損益に係る税効果を考慮することが理論的です。

　また、正常営業利益と同様に買収前後で財産変動が想定される場合には、変動額の調整を行います。

以上が仲介会社方式による株価評価のアウトラインです。具体的な計算については**第6章のQ46～Q48**で解説します。

Q25 業種特有の株価評価

M&Aでは業種別に評価が異なることがあると聞きました。業種別の評価について教えてください。

A25 IT企業におけるエンジニア数、調剤薬局における処方箋枚数、WEBコンテンツ配信事業者におけるサイト登録者数や閲覧数などの指標に基づいた評価が挙げられます。

前述したとおり、企業評価は企業の業績数値に基づいて行うのが原則ですが、業種によっては業績に影響を与える主要指標に基づき評価を行うことがあります。例えば、IT企業においてはエンジニアの人数が評価の指標になることがあります。昨今の人手不足によりエンジニアの採用はコストがかかりますが、会社を買うことにより人材をまとめて確保できるのであれば赤字会社でも買収する価値があるという発想です。人材紹介会社を使って採用を行う場合、エンジニアの想定年収の30％程度の報酬を人材紹介会社に支払う必要があると思いますが、エンジニアを50人雇っている会社がある場合、エンジニアの平均年収が500万円であれば採用コストは500万円×30％×50人＝7,500万円かかると考えれば、この会社には最低でも7,500万円の価値があると考えるわけです。特に同業者がM&Aを行う場合はこの発想による買収価格の決定に合理性があります。現在は仕事が少ないため赤字のエンジニア派遣会社であっても買手に十分な仕事があればM&A後に仕事を回すことで黒字化することが可能なためです。運送会社がドライバーの人数やトラックの台数に応じて値付けをしたり、小売業者が店舗の立地に着目してM&Aを行うのも同様の理屈です。

M&Aが活発な業界である調剤薬局では処方箋の処理枚数などが重要な指標となります。処方箋の処理枚数は、調剤薬局のポテンシャルを示す指標であり、調剤薬局を買うことでその薬局に通うお客さんが買えるということです。

46 第3部 中小企業のM&A実務（個別業務編）

またWEBサイトの運営会社の売買などでは登録者数や1ヵ月間の閲覧数（ページビュー）が重視されます。現状の損益が赤字であっても閲覧数が多いサイトであれば、そこに買手のコンテンツを配信したり、商品を販売すれば利益寄与が見込めるためです。

　最後に余談ですが、我々税理士事務所のM&Aについては、年間顧問報酬の1年分が相場となると聞きました。**Q9**でも記載したとおり、税理士事務所の場合は所長が交代した場合、顧客が離脱したり、優秀な社員が独立する可能性が高いので、そのあたりを勘案した相場観だと思います。

Q26　M&A の株価評価と税法上の株価評価

　　中小企業M&Aで仲介会社方式が利用されている旨理解しましたが、税法の評価方式との関連はどのように整理すればよいでしょうか。

A26　　独立した第三者間のM&A取引において決定された取引価格は税務上も合理性を有する時価として尊重されるべきと考えています。

　本書の主な読者は税理士の方であると思いますので、税法上の株式評価に通じている方も多いと思います。そのような方は本章で説明した仲介会社方式による評価と税法上の株価が異なることによる問題の有無が気になることと思います。この点、M&Aでは独立した第三者が数次にわたる交渉により取引価格を決定しますので、当該取引価格は、税務上も「時価」として是認されるべきであり、仮に税法の評価額と異なる場合であっても問題とすべきでないというのが筆者の立場です。この立場に立てば通常のM&Aの局面において税務問題を考慮する必要はありません。

　ただし、少数株主が存在する会社のM&Aにおいてオーナーが事前に他の親族から株を買い集める場合など親族間取引と第三者間取引が近接する場合に、異なる株価で取引するケースは税務上、問題視される可能性がありますので、税法上の株価も考慮しつつ、検討する必要があります。

第5章　バリュエーション（価値算定）の要点　47

例えば、自社の株式を 80％保有するオーナーが残りの 20％を他の親族から 1 株 100 円で取得した上で第三者に全株を 1 株 1,000 円で売却する場合、税務上時価を 1,000 円と考えると、オーナーは他の親族から 1 株当たり 900 円の贈与を受けたとも考えられます。実際に否認された事例は聞きませんが、オーナーは 1 株 100 円で取得した株式を 1,000 円で売却すると 900 円の譲渡所得が発生することになりますので仮に贈与認定された場合、所得税と贈与税の二重課税が生じることもあり、100 円の譲渡価格の根拠について議論となる可能はあります。税法評価額も計算した上で、税務調査にて説明を求められた場合を想定して準備する必要があります。

第6章 デュー・ディリジェンス(DD)の要点

　以後の解説では、**Q12**のX社を題材に、M&Aに関する各種業務について具体的な数値に基づき解説していきます。

　なお、その数値を確認することによって見えてくるX社の状況なども逐次追加して説明していきます。本事例によってM&A業務を追体験してください。

【図表6-1】M&A案件概要

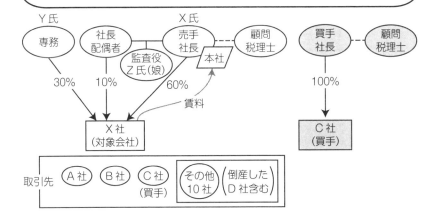

Q27 P/L の DD における着眼点

Q12 の事例の X 社について財務 DD を依頼されました。過去の P/L は以下のとおりですが、何を確認すべきでしょうか？

【図表 6-2】X 社の損益計画書推移　　　　　　　　　（単位：千円）

科目	27 期	28 期	29 期	30 期
売上高	1,200,000	1,100,000	1,000,000	870,000
売上高	1,200,000	1,100,000	1,000,000	870,000
期首商品棚卸高	100,000	80,000	120,000	130,000
商品仕入高	900,000	890,000	800,000	720,000
期末商品棚卸高	80,000	120,000	130,000	180,000
売上原価	920,000	850,000	790,000	670,000
売上総利益	280,000	250,000	210,000	200,000
粗利率	23.3%	22.7%	21.0%	23.0%
役員報酬	44,000	44,000	44,000	38,000
給料手当	20,500	20,500	19,500	20,250
法定福利費	7,069	7,069	6,919	6,732
福利厚生費	500	600	400	450
退職金		3,000		1,000
接待交際費	8,000	8,200	8,100	4,000
支払保険料		5,000	5,000	5,000
支払手数料	36,000	33,000	30,000	26,100
顧問料	13,800	13,800	13,800	13,800
減価償却費	7,056	8,534	9,375	5,677
地代家賃	3,600	3,600	3,600	3,600
リース料	586	586	686	786
支払運賃	50,000	40,000	35,000	36,000
水道光熱費	3,000	3,100	3,000	2,900
雑費	1,200	1,400	1,300	1,000
販管費	195,311	192,389	180,679	165,295
営業利益	84,689	57,611	29,321	34,705
営業利益率	7.1%	5.2%	2.9%	4.0%

科目	27 期	28 期	29 期	30 期
有価証券売却益			5,000	
貸倒引当金戻入益		260	280	160
営業外収益	0	260	5,280	160
支払利息	450	250	838	613
営業外費用	450	250	838	613
経常利益	84,239	57,621	33,763	34,253
法人税等	29,351	19,809	16,972	12,130
税引後当期純利益	54,888	37,812	16,791	22,123

A27 　①収益水準や時系列の推移、②収益の質、③オーナーや関係会社との影響を除去した正常収益力を確認する必要があります。

　第5章で解説したとおり、中小企業 M&A における営業権の評価は営業利益に基づき計算されます。まずは対象会社が営むビジネスを理解し、会計処理を把握する必要があります。本事例の X 社の業種は卸売業です。会計処理に問題がなければ、売上高や営業利益、営業利益率など主要指標を時系列に眺めて業績の推移をつかみます。投資ファンドが投資する場合などは過去 10 年以上さかのぼって決算書を確認することもありますが、通常の中小企業 M&A では過去 3 年から 5 年程度の決算書を入手することが多いです。

　単に売上高が増えているか減っているかだけでなく、主要得意先や主要製品別に分解して推移を見ることが重要です。X 社の場合も特定の得意先に対する売上依存度が高すぎる場合は、仮に優良先であったとしても逆にリスクにもなり得ます。そうした情報を収集するのも DD の重要な目的となります。

　売上原価について、まずは期末在庫の計算方法（最終仕入原価法、先入先出法、総平均法等）を確認します。製造業であれば原価計算方法（実際原価計算、標準原価計算、直接原価計算など）についても確認します。期末在庫を操作することによって利益はいくらでも作ることができるのは税理士であれば誰でもわかることですが、実際に期末在庫を操作している事例は想像以上に多いです。

　販売費及び一般管理費（以下、「販管費」といいます。）については、個別科

目の内容を確認します。また、役員との取引があれば詳細を確認します。本事例であれば役員報酬の他、本社不動産を社長から賃借しているため、地代家賃についても確認する必要があります。

法人税等については確定申告書を入手し、納付すべき税金が会計上ももれなく計上されているか確認します。

Q28 以下では本問における P/L を題材に個別の着眼点について解説しますが、まず再度上記 P/L を確認し、自分であれば何に着目するか考えてから読むことをお勧めします。

Q28 売上・売上原価

売上・売上原価における DD の着眼点を教えてください。

A28 時系列の推移の他、相手先・製品別の売上高・粗利益を検証します。

【図表 6-3】相手先別売上高及び粗利益

相手先別売上高 （単位：千円）

科目	27 期	28 期	29 期	30 期
A 社	490,000	500,000	510,000	530,000
B 社	310,000	200,000	180,000	10,000 ―ⓐ
C 社	200,000	220,000	200,000	210,000
その他 10 社	200,000	180,000	110,000	120,000
全社計	1,200,000	1,100,000	1,000,000	870,000

相手先別粗利益 （単位：千円）

科目	27 期	28 期	29 期	30 期
A 社	80,000	83,000	80,000	78,000
B 社	95,000	65,000	51,300	3,000
C 社	50,000	51,000	50,000	48,000
その他 10 社	55,000	51,000	28,700	71,000
全社計	280,000	250,000	210,000	200,000

52　第 3 部　中小企業の M&A 実務（個別業務編）

相手先別粗利率　　　　　　　　　　　　　　　　　　　　　（単位：千円）

科目	27 期	28 期	29 期	30 期	
A 社	16.3%	16.6%	15.7%	14.7%	ⓒ
B 社	30.6%	32.5%	28.5%	30.0%	
C 社	25.0%	23.2%	25.0%	22.9%	
その他 10 社	27.5%	28.3%	26.1%	59.2%	ⓑ
全社計	23.3%	22.7%	21.0%	23.0%	

　本事例 X 社の P/L を時系列で見ると売上げが減少傾向なのが気になります。分析にあたってまずは、相手先別や製品別の売上高と粗利益のデータ（**図表6-3**）を入手します。なお、相手先別の粗利益まで管理していない中小企業はよくありますが、有益な情報が得られますので把握してみることをお勧めします。以前顧客別損益を把握していなかった会社の DD で各種資料から損益を概算したところ、最も売上げを上げている得意先向けの営業利益が赤字であることが判明し、調査対象である売手の社長から感謝されたこともありました。

　X 社の相手先別の売上高を見ると第 2 位の販売先である B 社の売上高が急減しているのが気になります（図表のⓐ）。X 社社長にそのことを聞くと B 社は近年経営難となりほぼ取引がなくなってしまったとのことです。この点、正常営業利益の計算にあたって考慮すべきかもしれません。

　また、全社ベースの粗利率は概ね 21% から 23% の間で推移していますが、30 期のその他 10 社の粗利率が 59.2% と異常に高い値を示しているのが気になります（図表のⓑ、この点については **Q35** で後述します。）。また、B 社、C 社の粗利率に比べて 1 番の得意先である A 社の粗利率が極端に低い点にも着目する必要があります（図表のⓒ）。X 社社長によれば、開業当時（約 30 年前）に A 社社長から種々の支援をしてもらった義理があり、相場を下回る安値での販売を余儀なくされているとのことでした。A 社への販売にどれだけ経費を要しているかにもよりますが、営業利益段階では赤字になっている可能性もあり、M&A 後の取引条件の変更について交渉できないのかを確認する必要があります。

　以上、本問では顧客別の売上高及び損益の分析を紹介しましたが、商・製品別の売上高や損益についても同様に分析することによって現状がより把握でき

るとともに今後の改善点が浮かび上がってきます。例えば、粗利益が継続して赤字になっている商品がある場合、当該商品の取扱いを継続している理由について確認し、場合によっては取扱いをやめる選択肢もあるかもしれません。

M&A 税理士コラム④ ： 一本足打法の恐さ

「当社の一番の得意先は大手上場企業だから安心ですよ」と言われて会社を買ったものの、その大手上場企業の発注先の変更により会社の業績が急減してしまったという事案がありました。優良企業との取引は当然にM&A でのアピール材料ではありますが、あまりに一定の企業への依存度が高いのもリスクがあると改めて認識しました。M&A 業務に関与する前はそうしたビジネス的な観点はあまり持っていなかったのですが、M&Aに取り組んでからは、こうした視点で会社を眺めるようになった結果、顧問先の社長との会話もより弾むようになりました。M&A 業務に取り組んだ副次的な効果と思っています。

Q29 人件費の着眼点

人件費における DD の着眼点を教えてください。

A29 人事制度の概要を把握した上で、削減可能な役員報酬額を把握します。また、M&A でよく問題となる退職給付債務や未払残業代についても確認が必要です。

54　第 3 部　中小企業の M&A 実務（個別業務編）

【図表 6-4】人件費の推移 （単位：千円）

科目	27 期	28 期	29 期	30 期	
役員報酬（①）	44,000	44,000	44,000	38,000	
給料手当（②）	20,500	20,500	19,500	20,250	
法定福利費（③）	7,069	7,069	6,919	6,732	
③÷（①＋②）	11.0%	11.0%	10.9%	11.6%	ⓐ
福利厚生費	500	600	400	450	
退職金	0	3,000	0	1,000	
人件費計	72,069	75,169	70,819	66,432	

ⓑ

（注）人件費には福利厚生費を含む

　人事は M&A において最も重要な分野と言っても過言ではない項目です。M&A 後の各人の処遇を検討するためにも対象会社の人事制度を理解し、役職員についての定性面の情報や現状の人件費の発生状況を把握します。

　まずは X 社の販管費明細から人件費の全体感を把握します。社会保険料について、現在、会社の負担割合は通常給料の 15％程度ですが、**図表 6-4** を見ると X 社は 11％程度となっています（図表のⓐ）。年金の掛け金には上限がありますので高額な役員報酬を社長に支払っている場合など概して比率は低めになります。まずはこうしたオーバーオール・テスト（推定値と実際の数値を比較して分析する手法のこと）を行ってあたりをつけます。特に飲食業や人材派遣業などでは社会保険に未加入の会社も散見されますので、M&A 後に問題とならないよう加入状況を確認しましょう。

　また、**図表 6-4** では 28 期に退職金（300 万円）が発生しています（図表のⓑ）。この点、制度としての退職金なのか、社長が任意で退職金を払ったのかを確認し、前者であれば制度の概要を理解した上で、現時点の退職給付債務額を把握します。税務上の退職給与引当金が廃止された現在、中小企業では退職給付債務はほぼ簿外となっているため、M&A における価格交渉で最も論点となりやすい項目です。この点については **Q42** で詳述します。

第 6 章　デュー・ディリジェンス（DD）の要点　55

【図表6-5】 人件費の内訳

役員報酬 （単位：千円）

役職等	27期	28期	29期	30期	
代表取締役X氏	30,000	30,000	30,000	24,000	©
専務取締役Y氏（営業部長）	9,000	9,000	9,000	9,000	
監査役Z氏（X氏の娘）	5,000	5,000	5,000	5,000	
合計	44,000	44,000	44,000	38,000	

（注）Z氏はX氏の娘であり会社業務には関与していない

社員人件費 （単位：千円）

役職等	27期	28期	29期	30期
O氏（営業課長）	6,000	6,000	6,000	6,000
P氏（営業）	5,000	3,000		
Q氏（営業）		2,000	4,000	4,000
R氏（業務）	4,000	4,000	4,000	4,000
S氏（業務）	3,000	3,000	3,000	3,000
T氏（総務経理）	2,500	2,500	2,500	2,000
U氏（総務経理）				1,250
合計	20,500	20,500	19,500	20,250

（注）P氏は28期に退職。Q氏は28期に入社。T氏は30期に退職。U氏は30期に入社

　次にX社の人件費の詳細な検討に入りますが、まず役員報酬については各人別に担当業務や報酬内訳を把握した上でM&A後の処遇を相談します。30期の社長の報酬は年間2,400万円ですが（図表の©）、M&A後に退任が予定されているのであれば正常営業利益の計算において加算することが可能です。また、中小企業ではよくある話ですが、本事例でも社長の娘Z氏が監査役に就任しています。Z氏は会社業務には関与しておらずM&A後に退任するのであれば社長の報酬同様に正常営業利益の加算項目になります。専務Y氏は高齢であり引退を希望していますが、営業の引継ぎを行ってもらう必要があり、今後数年は現在の半額の報酬で顧問として処遇する予定となりました。

　社員については、まず社員名簿を入手し（**Q18**参照）、従業員の概要（所属部署、役職、年齢、勤続年数、性別など）を確認します。本件X社は社員6名の小規模企業ですが、社員がそれなりに入れ替わっていますので退職理由に

56　第3部　中小企業のM&A実務（個別業務編）

ついて確認したいところです。また、各業務におけるキーパーソンや問題社員の存在など定性的な情報もうまく聞き出したいところです。

次に人件費については人事・給与制度の概要（勤務時間や休暇、給与制度、賞与や退職金の制度の有無など）をヒアリングした上で実際の運用状況（残業時間の発生・把握状況や残業代の支払状況など）を把握します。

いわゆる名ばかり管理職や未払残業代など労務関係はM&Aでよく問題となります。現状、問題が顕在化していなくてもオーナーが交代した途端に今までの不満が噴出、といったケースもよくありますので事実関係を調査する必要があります。

社長にヒアリングしたところ、本事例のX社では残業代は基本的に支払っておらず、最大年間100万円程度の未払いが見込まれるとのことですので株価評価にあたって考慮します。毎年の残業代の分だけ過去の営業利益が過大計上されているので営業利益から減算するとともに、現行法上、残業代は過去2年に遡って請求可能ですので過去2年分の簿外債務を認識します。

最後に、労働組合の有無についても確認します。中小企業では労働組合のない会社が多いですが、組合がある場合、組合との関係について確認します。

M&A税理士コラム⑤：労務債務の重要性

社会保険料を含めた人件費のコントロールは中小企業ではかなり重要度が高く、M&A業務に関与するようになってから各社いろいろな工夫を行っている点に驚きました。まず、驚いたのは全く残業代を払っていない企業が結構ある点です。「うちは仕事の成果に対して給与を払うので残業代はない」と力強く言い切る社長もいましたし、「ボーナスで報いているので従業員は全く不満に思っていない」などの回答もありました。また、固定残業代を悪用し、固定時間を超過しても追加の残業代を一切支払っていない会社、残業代の支払義務のない管理職（管理監督者）数が非管理職数を上回っている会社にも遭遇しました。

いずれも法的には問題があり、現在は特段問題とはなっていなくてもオーナーが交代した途端にトラブルになるケースもありますので、慎重な対応が必要です。

第6章 デュー・ディリジェンス（DD）の要点 57

Q30 販管費の着眼点

人件費以外の販管費について DD の着眼点を教えてください。

A30 個別科目の内容を把握した上で、私的な費用など M&A 後に削減できる費用を調査します。

【図表 6-6】 販管費の推移

(単位：千円)

科目	27 期 金額	27 期 売上高比	28 期 金額	28 期 売上高比	29 期 金額	29 期 売上高比	30 期 金額	30 期 売上高比	
人件費計	72,069	6.0%	75,169	6.8%	70,819	7.1%	66,432	7.6%	
接待交際費	8,000	0.7%	8,200	0.7%	8,100	0.8%	4,000	0.5%	
支払保険料	0	0.0%	5,000	0.5%	5,000	0.5%	5,000	0.6%	
支払手数料	36,000	3.0%	33,000	3.0%	30,000	3.0%	26,100	3.0%	
顧問料	13,800	1.2%	13,800	1.3%	13,800	1.4%	13,800	1.6%	ⓑ
減価償却費	7,056	0.6%	8,534	0.8%	9,375	0.9%	5,677	0.7%	ⓒ
地代家賃	3,600	0.3%	3,600	0.3%	3,600	0.4%	3,600	0.4%	
リース料	586	0.0%	586	0.1%	686	0.1%	786	0.1%	
支払運賃	50,000	4.2%	40,000	3.6%	35,000	3.5%	36,000	4.1%	
水道光熱費	3,000	0.3%	3,100	0.3%	3,000	0.3%	2,900	0.3%	
雑費	1,200	0.1%	1,400	0.1%	1,300	0.1%	1,000	0.1%	
販管費計	195,311	16.3%	192,389	17.5%	180,679	18.1%	165,295	19.0%	ⓐ

　図表 6-6 は X 社の人件費と人件費以外の個別科目の内訳を示した販管費の推移です。まずは時系列で発生額の推移を見ます。売上高の減少（**Q27 参照**）に合わせて発生額は減少していますが、売上高比については徐々に増加していることが読み取れます（図表のⓐ）。人件費など固定費がかなり発生しているためです。以下、科目別に分析を進めていきます。

　接待交際費について税理士であれば 800 万円の非課税枠をフルに使っている点がピンとくるのではないかと思います。であれば、本来事業に必要のない交際費も含まれているのではないか？と想像力を働かせることが DD で求められる発想です。実際、本事例では私的な交際費が含まれていますが、詳細は **Q44** で解説します。

58　第 3 部　中小企業の M&A 実務（個別業務編）

支払保険料は社長を被保険者とした生命保険料になります。節税や将来の退職金の原資として保険に加入している中小企業は多いのですが、DDの点からは事業に不可欠な支出ではないため、正常営業利益の算定にあたり加算します。

　支払手数料は商品仕入れ先の大手メーカーZ社に支払うロイヤリティーになります。図中の売上高比のとおり売上高に対して3％の料率になりますが、M&Aの観点からはオーナーが交代しても同条件で取引が継続できるのか、代理店契約書を確認した上で、X社に確認する必要があります。

　顧問料は毎期定額で発生していますが、この規模の会社にしては多額な点に気づいたでしょうか（図表の⑤）。実は顧問料のうち月100万円はX社の開業時に仕事を世話してくれたり、いろいろアドバイスしてくれた方（株式会社P）への支払いとのことです。現在は特に支援はしてもらっていないが、社長からは支払停止を切り出せないとのことでした。こうした支出はM&A後はやめるべきであり、先方にも納得してもらい、正常営業利益の計算上、考慮します。

　減価償却費については29期に金額が増加しており（図表の⑥）、何か資産を購入したことが想像できますが、詳細は**Q36**で解説します。

　地代家賃は、**Q7**で触れたとおり、社長に対する本社不動産の賃料です。現状月額30万円ですが、交渉の結果、月額20万円で継続賃貸できることになりましたので、差額（年額120万円）を正常営業利益算定にあたり加算します。なお、この場合、今後修繕費が発生した場合の負担関係や、賃貸終了時の原状回復義務についても取り決めておく方が望ましいです。いっそのこと本社不動産も買い取ってしまうか、近郊の買手であれば賃貸を終了させて本社を移転するなどの選択肢もありますので、状況に応じてX社と交渉することになります。

　リース料については**Q42**で解説します。

　支払運賃や水道光熱費などの事業経費については現状の発生状況を確認するとともに費用の削減余地はないか、また今後の費用増加のリスクなどを検討、確認することになります。

　以上、販管費における着眼点について解説しました。税理士であれば、過去何百、何千もの決算書を見ていると思いますが、その経験を活かして、初見の決算書であっても「何かおかしい」、「つじつまが合わない」など、気づけるか否かが重要です。さらには業界の知見を活かした指摘（例えば、飲食業におけ

第6章　デュー・ディリジェンス（DD）の要点　59

るFL比率などによる分析）ができれば言うことはありません。この点、同業他社をM&Aする場合に買手の顧問税理士がDDを行う優位性があります。顧問先の財務数値との比較により、対象会社の財務分析を行うことができるためです。

Q31 月次損益の確認

財務DDでは過去の確定決算数値を対象に調査すると聞きましたが、直近の月次決算が評価に影響することはあるのでしょうか？

A31

財務DDでは月次決算の内容も確認すべきです。対象会社の業績の季節変動性を理解するとともに、足元の月次実績につき前年同月と比較することで業績の趨勢を確認し、場合によっては評価に影響させます。

財務DDでは月次損益の状況も確認すべきです。対象会社に過去3期の月次損益推移表を提出してもらい、月次の損益推移について季節変動性を把握するとともに進行期の状況を把握します。

図表6-7はX社の直前確定決算（30期）と進行期（31期）の月次損益の推移です。粗利益以下は記載を省略していますが、実務においては営業損益まで把握すべきです。

まず季節変動性ですが、一見してわかるとおり下期偏重、また毎年9月と3月に売上げが大幅に上昇しています。X社の社長に確認したところ、顧客企業の予算消化のため売上げが拡大するとのことです。

次に進行期の状況ですが、B社からの受注は30期の5月で完全に途絶えたものの、その他の顧客（A社、C社、その他10社）については軒並み前期以上に進捗しており、粗利益も前期比105％水準となっています。仮に足元の業績が大幅に落ち込んでいるような場合には、**第5章**で記載した過去の正常営業利益に基づく評価では過大な評価になってしまいますので対価の減額を交渉すべきです。

60　第3部　中小企業のM&A実務（個別業務編）

【図表 6-7】 月次損益の推移

前期（30 期）　　　　　　　　　　　　　　　　　　　　（単位：百万円）

科目	4月	5月	6月	7月	8月	9月	上期累計	10月	11月	12月	1月	2月	3月	下期累計	30期合計
A社	30	30	30	30	30	64	212	38	38	38	38	38	127	318	530
B社	5	5					10							0	10
C社	16	16	16	16	16	26	105	13	13	13	13	13	42	105	210
その他10社	12	12	12	12	12	14	72	8	8	8	8	8	10	48	120
売上高	62	62	57	57	57	104	399	58	58	58	58	58	179	471	870
売上原価	50	50	47	47	47	86	328	49	49	49	49	49	149	392	720
売上総利益	11	11	10	10	10	18	71	10	10	10	10	10	30	79	150

当期（31 期）　　　　　　　　　（単位：百万円）

科目	4月	5月	6月	7月	8月	9月	上期累計	前期比
A社	32	32	32	32	32	70	230	108%
B社							0	0%
C社	18	18	18	18	18	30	120	114%
その他10社	12	12	12	12	12	16	76	106%
売上高	62	62	62	62	62	116	426	107%
売上原価	51	51	51	51	51	96	351	107%
売上総利益	11	11	11	11	11	20	75	105%

（注）端数処理の関係上、計が合わない部分があります。

　なお、**図表 6-7** と **Q27** で記載した**図表 6-2** で売上総利益の金額が相違しますが、その理由については **Q35** で記載します。

Q32 B/S の DD における着眼点

Q12 の事例の X 社について財務 DD を依頼されました。過去の
B/S は以下のとおりですが、何を確認すべきでしょうか？

【図表 6-8】X 社の貸借対照表推移

（単位：千円）

科目	27 期	28 期	29 期	30 期
現金	1,000	1,200	1,100	900
預金	40,032	4,525	49,040	27,728
受取手形	300,000	280,500	259,500	247,500
売掛金	120,000	113,500	106,500	102,500
商品	80,000	120,000	130,000	180,000
貸倒引当金	▲ 4,200	▲ 3,940	▲ 3,660	▲ 3,500
流動資産	536,832	515,785	542,480	555,128
車両運搬具	8,745	20,928	12,201	7,113
工具器具備品	2,499	2,082	1,734	1,444
有形固定資産	11,244	23,010	13,935	8,558
電話加入権	360	360	360	360
ソフトウエア	1,200	900	600	300
無形固定資産	1,560	1,260	960	660
出資金	10	10	10	10
投資有価証券	45,000	65,000	55,000	55,000
保険積立金	0	5,000	10,000	15,000
投資その他資産	45,010	70,010	65,010	70,010
固定資産	57,814	94,280	79,905	79,228
資産合計	594,646	610,065	622,385	634,356

科目	27 期	28 期	29 期	30 期
買掛金	180,000	170,000	150,000	130,000
未払金	15,688	15,321	14,275	13,301
未払法人税等	16,051	14,233	6,849	10,113
未払消費税等	7,332	1,125	4,101	745
預り金	1,075	1,075	1,058	971
流動負債	220,146	201,753	176,283	155,130
長期借入金	12,000	8,000	29,000	40,000
固定負債	12,000	8,000	29,000	40,000
負債合計	232,146	209,753	205,283	195,130
資本金	10,000	10,000	10,000	10,000
利益準備金	2,500	2,500	2,500	2,500
繰越利益剰余金	350,000	387,812	404,603	426,726
純資産合計	362,500	400,312	417,103	439,226
負債・純資産合計	594,646	610,065	622,386	634,356

A32

P/L と合わせて財務分析を行った上で、各資産及び負債を個別に
精査し、含み損益を加減した時価純資産を計算する必要があります。

B/S についてもまずは全体を俯瞰してみます。X 社は売掛債権と在庫、買掛

62　第 3 部　中小企業の M&A 実務（個別業務編）

債務が多額に計上され、固定資産が少ない典型的な卸売業のB/Sです。何度も言っていますが、税理士としての経験から違和感がある項目があれば納得できるまで調べる姿勢が重要です。また、単純ですが、P/Lとの関連で売掛債権等の回転期間を計算することも有益です。

【図表6-9】回転期間分析

①売掛債権回転期間

項目	28期	29期	30期
売上（千円）	1,100,000	1,000,000	870,000
月商（千円）	91,667	83,333	72,500
売掛債権（千円）	394,000	366,000	350,000
回転期間（月）	4.3	4.4	4.8

②商品回転期間

項目	28期	29期	30期
売上原価（千円）	850,000	790,000	670,000
1月売上原価（千円）	70,833	65,833	55,833
商品（千円）	120,000	130,000	180,000
回転期間（月）	1.7	2.0	3.2

③仕入債務回転期間

項目	28期	29期	30期
売上原価（千円）	850,000	790,000	670,000
月仕入（千円）	70,833	65,833	55,833
買掛金（千円）	170,000	150,000	130,000
回転期間（月）	2.4	2.3	2.3

図表6-9は各種回転期間を計算したものです。売掛債権は4ヵ月程度に対して仕入債務は2ヵ月程度とギャップが生じている点が読み取れます（図表のⓐ）。主要相手先の回収・支払サイトについては個別に確認しますが、まずは決算書によりあたりをつけておきます。また、上記**図表6-9**の②で一番着目してほしい点は商品の回転期間が年々増加しており、30期で3.2ヵ月にも長期

第6章　デュー・ディリジェンス（DD）の要点　63

化している点です（図表の⑥）。そもそも商品を受注してから製造先に発注するのか、受注に備えてある程度の在庫を保有する方針であるのかなどビジネスの概要もヒアリングしつつ、在庫金額の妥当性を検証する必要があります。

上記の要領で全体感を把握した上で、各資産の実在性や評価の妥当性、各負債の網羅性を確認していきますが、以下の **Q** で個別に解説します。

Q33 現預金の着眼点

現預金の DD における着眼点を教えてください。

A33 ①現預金の実在性、②余剰資金の水準、③資金繰りの状況を確認します。

①現金については管理状況を確認し、必要に応じて金庫を実査します。中小企業の場合、公私が区分されていないことも多く、帳簿上の現金残高が実際の残高と異なっていることも珍しくありません。このような場合は、現金を補充してもらうなり、帳簿残高を修正するなどして差異を解消します。預金については通帳や残高証明書を入手し、帳簿残高の一致を確認します。取引銀行について確認しておくことも重要です。

次に②余剰資金の状況や③資金繰りの状況を確認します。資金繰りについては資金繰り表を入手するか、キャッシュフロー計算書を作るなどして確認を行います。

Q34 売掛債権の着眼点

売掛債権の DD における着眼点を教えてください。

A34 ①会計処理、②実在性、③回収サイト、④評価の妥当性を確認します。

64　第 3 部　中小企業の M&A 実務（個別業務編）

売掛債権（売掛金、受取手形）について、まずは①発生主義で計上されているか、必要に応じて請求書などの根拠資料を入手しつつ確認を行います。中小企業の場合、締め日後の売上げや仕入れを計上していない会社もごく稀にあるので念のために確認します。

　次に②補助残高一覧表などを入手して相手先別の残高を把握した上で③滞留債権や回収不能な債権の有無、回収サイトを確認し、④評価の妥当性を確認します。

　X社は税法の法定繰入率（1%）により貸倒引当金を計上していますが、ヒアリングしたところX社の売掛金のなかに既に倒産したD社向け売掛金3,000万円が未処理で残っている点が判明しましたので時価純資産価額の算定にあたって減額します。

　なお、こうした不良債権がDDで初めて露見するのは買手の心象にとって好ましいことではありません。売手のアドバイザーにつく場合、こうしたネガティブな事項は早めに社長からヒアリングして事前に開示すべきです。

【図表6-10】 売掛債権の回転期間

①滞留債権修正前

項目	28期	29期	30期
売上（千円）	1,100,000	1,000,000	870,000
月商（千円）	91,667	83,333	72,500
売掛債権（千円）	394,000	366,000	350,000
回転期間（月）	4.3	4.4	4.8

②滞留債権修正後

項目	28期	29期	30期	
売上（千円）	1,100,000	1,000,000	870,000	
月商（千円）	91,667	83,333	72,500	
売掛債権（千円）	364,000	336,000	320,000	
回転期間（月）	4.0	4.0	4.4	—ⓐ

　図表6-10はX社の上記不良債権考慮後の売掛債権の回転期間ですが、30期で4.4ヵ月になっています（図表のⓐ）。これを踏まえて各社の回収サイトを確認したところ、A社は4ヵ月、その他は原則3.5ヵ月とのことであり、計算結果と整合します。

Q35 棚卸資産の着眼点
....
棚卸資産の DD における着眼点を教えてください。

A35 ①実在性、②回収サイト、③評価の妥当性を確認します。

　棚卸資産の着眼点は売掛債権とほぼ同様です。まず、商品別・製品別の棚卸資産明細を入手して、実在性に関する心象を得ます。倉庫や工場を視察して現物を確認することも重要です。また、滞留在庫の存在につき確認を行います。

　X社のケースでいうと**Q28**で30期のその他10社の粗利率が59.2％と異常に高い値を示している点を指摘し、**Q32**でX社の商品の回転期間が直前期（30期）に3.2ヵ月に伸びている点に着目してほしい旨を述べましたが、こうした事実関係を指摘し、X社社長に確認したところ、減収による利益減を回避するため在庫金額を5,000万円過大計上している点を認めました。**図表6-11**の右の図は粉飾の影響を除外した商品の回転期間ですが、30期の回転期間は2.2ヵ月となり（図表の⒜）、販売不振により徐々に増加傾向になっている点が理解できます。

【図表6-11】棚卸資産の回転期間

①在庫粉飾修正前

項目	28 期	29 期	30 期
売上原価（千円）	850,000	790,000	670,000
1 月売上原価（千円）	70,833	65,833	55,833
商品（千円）	120,000	130,000	180,000
回転期間（月）	1.7	2.0	3.2

②在庫粉飾修正後

項目	28 期	29 期	30 期
売上原価（千円）	850,000	790,000	720,000
1 月売上原価（千円）	70,833	65,833	60,000
商品（千円）	120,000	130,000	130,000
回転期間（月）	1.7	2.0	2.2 ⒜

　M&Aで会社を売却する会社が粉飾決算などしているはずはないと思われるかもしれませんが、DDを行う際は先入観を持たず、健全なる猜疑心を持って調査を行う必要があります。

　本事例の場合はX社の直前決算が減収減益ではM&Aの株価評価に悪影響が及ぶことを懸念して在庫金額を調整したとのことですが、このような行為が露

66　第3部　中小企業のM&A実務（個別業務編）

見すれば買手との信頼関係は崩れてしまいます。**Q34** でも述べましたが、売手買手双方の信頼関係があってのM&Aですので、ネガティブな情報は早く正確に開示する必要があります。このケースとは逆に、利益が出すぎたので節税のために在庫を過少計上している会社もありました。確定申告で、棚卸資産の明細を開示している会社はほとんどありませんが、DDでは必ず明細を入手して残高の妥当性を検証する必要があります。

Q36 固定資産の着眼点

固定資産のDDにおける着眼点を教えてください。

A36 ①実在性、②遊休資産・私的資産の有無確認、③減価償却計算の妥当性、④評価の妥当性を確認します。

　まず基礎資料として過去3期程度の固定資産台帳を入手します。X社の台帳の要約は**図表6-12**ですが、①実在性については必要に応じて現地視察などを行います。車両であれば車検証の確認や実際の現物の確認を行います。

　次に②遊休資産の有無や社長が私的に使用している資産の有無を確認します。**Q30**で触れたとおり、29期に減価償却費が増加している理由は、28期に高級外車を購入したからです。（図表の⑤）。しかし、この2,000万円の高級外車は社用にはあまり使われず主に社長が私的に使用しており、今般のM&Aにあたっては個人で引き取りたいとのことです。このような場合、当該車両に係る経費（減価償却費、保険料、税金など）は正常営業利益の計算にあたって加算することができます。車両の移転については、売買の他、退職金として現物支給などの方法が考えられますが、こちらについては**第7章**の**Q54**で解説します。

　③固定資産については償却方法や耐用年数など減価償却方法の妥当性についても確認します。赤字の会社が銀行対策などで償却を止めるのは中小企業ではよくある話ですが、DDの対象会社が過去に償却を止めていた場合、正しい未償却残高を再計算して、そこまで評価を引き下げることが一般的です。

第6章　デュー・ディリジェンス（DD）の要点　67

【図表 6-12】 固定資産明細

車両運搬具　　　　　　　　（単位：千円）

項目	28 期	29 期	30 期
期首簿価	8,745	20,928	12,201
当期取得	20,000	0	0
減価償却費	7,817	8,727	5,088
期末簿価	20,928	12,201	7,113

ⓑ

工具器具備品　　　　　　　　（単位：千円）

項目	28 期	29 期	30 期
期首簿価	2,499	2,082	1,734
減価償却費	417	348	290
期末簿価	2,082	1,734	1,444

車両運搬具（社長社用車）　（単位：千円）

項目	28 期	29 期	30 期
期首簿価	0	15,830	9,229
当期取得	20,000		
減価償却費	4,170	6,601	3,848
期末簿価	15,830	9,229	5,380

ソフトウエア　　　　　　　　（単位：千円）

項目	28 期	29 期	30 期
期首簿価	1,200	900	600
減価償却費	300	300	300
期末簿価	900	600	300

　④最後に評価の妥当性を確認します。社歴のある会社の場合、電話加入権が貸借対照表に計上されている場合が多いですが、現在、換金価値が著しく低いためゼロ評価する場合も多いです。**Q37** で詳述しますが不動産については時価を把握し、必要に応じて評価替えしますし、遊休資産があればゼロ評価します。

　機械装置や車両については簿価評価することが多いですが、処分予定の資産がある場合、中古車相場などで評価替えすることもあります。X 社の高級外車の中古車相場は 1,500 万円であり、含み益 900 万円を純資産評価にあたって加算します。

M&A 税理士コラム⑥：ソフトウエア会計の曖昧性

　資産の会計処理で統一的な基準がなく、会社によって処理が最も異なる分野がソフトウエアの経理処理です。税法上の耐用年数は販売目的の原本は３年、その他の資産は５年となっていますが、最近は単純なパッケージソフトの販売ではなく、SaaS（ソフトウエア・アズ・ア・サービス）やASP（アプリケーション・サービス・プロバイダ）と言われる利用契約による役務提供などもあり、会社によって処理が異なります。また、自社でソフトウエアを開発した場合、どこまでソフトウエア資産として計上するのかということも各社により異なります。この点、正解はありませんが、IT系の会社のM&Aではまず始めに経理処理を確認すべきです。

Q37　不動産の着眼点

　不動産のDDにおける着眼点を教えてください。

A37　Q36で回答した諸点の他、権利関係や評価の妥当性を十分に検討します。土地における土壌汚染、建物における未登記物件、違法建築などにも注意が必要です。

　本事例のX社では不動産はX社社長から賃借していますが、今後X社社長から買い取る可能性もあり、X社が保有する資産と同様に調査を実施すべきです。

（1）　全般的事項

　まず、不動産に係る権利関係を確認します。所有権の他、担保差入れの有無につき登記簿謄本を入手して確認します。会社が不動産を保有している場合、銀行借入金の担保に供されている場合が多いですが、このような場合は、M&Aにおける取扱いを確認します。

第6章　デュー・ディリジェンス（DD）の要点　69

次に不動産の評価を行います。金額的・質的に重要性が高い場合は不動産鑑定士による鑑定評価（ないしは簡易鑑定）を実施すべきですが、そうでない場合は路線価や固定資産税評価額からの推定値（路線価÷80％や固定資産税評価額÷70％）を用いることもあります。含み損益については時価純資産評価にあたり原則として加減算しますが、事業用不動産で換金する予定がない場合には調整しないこともあります。

本件Ｘ社では社長が保有する不動産を賃借していますが、会社が買い取るにしても賃貸を継続するにしても専門家による鑑定を行うべきです。

(2) 土地に関する調査

土地を取得するケースにおいては土壌汚染の問題が論点になるケースが多いです。現在、工場敷地となっている場合はもちろんのこと、そうでなくても過去の用途も含めて可能な限り調査すべきです。

調査には費用がかかりますのでリスクの度合いに応じた判断にはなりますが、めっき工場やガソリンスタンド、クリーニング業など有害物質が使用されている可能性が高い業種のM&Aの場合は特に注意が必要です。

(3) 建物に関する調査

建物でよく論点になるのは未登記物件や違法建築です。節税のために登記を省略しているケースがありますが、所有権の帰属があいまいになるのでM&Aにあたって登記の手続きをするべきです。また違法建築については、建築基準法などの法規に違反して建築された「違反建築」と、建築時は合法であったがその後の法改正などにより違法になってしまった「既存不適格」に大別されます。前者であれば行政による取壊しや使用禁止措置の対象になるリスクがありますし、後者の場合は使用はできますが、増改築が制限されるケースがありますので、法務の専門家を交えてM&Aにおける対処を協議する必要があります。

Q38 投資その他の資産の着眼点

投資その他の資産の DD における着眼点を教えてください。

A38 ①具体的内容、②時価評価額、③資産を保有した経緯、必要性及び処分可能性について確認します。

まず、①勘定明細などを入手し、各資産の具体的内容を把握します。

X 社の投資その他の資産は、信用金庫に対する出資金 1 万円の他、**図表 6-13** の投資有価証券及び保険積立金でした。

【図表 6-13】投資その他の資産

投資有価証券 (単位：千円)

銘柄	28 期	29 期	30 期				
			簿価	数量	時価単価	時価	含み損益
A 社株式（上場）	30,000	30,000	30,000	300	180	54,000	24,000
E 社株式（上場）	20,000	20,000	20,000	100	150	15,000	▲ 5,000
F 社株式（上場）	10,000	0	0	—	—	—	—
G 社株式（非上場）	5,000	5,000	5,000	500	0	0	▲ 5,000
合計	65,000	55,000	55,000	—	—	69,000	14,000

保険積立金 (単位：千円)

科目	28 期	29 期	30 期	
PL 支払保険料	5,000	10,000	15,000	
BS 保険積立金	5,000	10,000	15,000	
累計保険料	10,000	20,000	30,000	—ⓐ
解約返戻金			24,000	
含み損益			9,000	

次に②含み損益を把握します。信用金庫の出資金は金額も少額なことが多く、特に経営難などでなければ簿価評価することが多いです。投資有価証券のうち、上場有価証券については調査時点の時価で評価します。また非上場株式につい

第 6 章 デュー・ディリジェンス（DD）の要点 71

ては決算書を入手の上、評価を行います。

　X社が保有するG社株式は決算書を取り寄せたところ債務超過になっていましたのでゼロ評価しています。

　保険積立金については商品内容を把握した上で解約返戻金額にて評価します。

　X社が加入する保険金は中小企業でよく見られる役員保険でした。支払保険料の2分の1が損金にできるいわゆる「半損」の保険で、法人税対策や役員の退職金の原資確保の目的で加入したものです。こうした保険は加入後5年程度たった段階で支払保険料の90％程度の解約返戻金になることが多いですが、本事例でも累計払込額3,000万円に対して解約返戻金2,400万円であり、帳簿価額1,500万円に対して900万円の含み益が生じています（図表の⒜）。

　最後に、③資産を保有した経緯、必要性及び処分可能性について確認します。事業上、不可欠でない資産であれば換金した方が有利とも考えられるためです。本事例では主要取引先であるA社の株式は先方の同意をとらないと売れないが、その他の株式は処分可能とのことでした。また、G社の株式は友人が経営している会社を支援した際の出資とのことですが、こうした非事業用資産はM&Aの前に社長個人に引き取ってもらうことが望ましいです。

Q39　簿外資産の把握と評価

　　　DDにおいて簿外資産が時価純資産として評価される例を教えてください。

A39

　　減価償却済みの資産や全損の保険契約による解約返戻金相当額が挙げられます。

　M&Aにおいて純資産評価をする場合、B/Sに基づいて資産を時価に置き換えていきますが、簿外資産が経済的価値を持つ場合、当然評価に加味する必要があります。以下、筆者が過去の事案で出会った簿外資産を紹介します。

(1) 少額資産や減価償却済みの資産

現在、減価償却は備忘価格1円まで行うことができるので、償却済みでも価値を有する資産はかなりあります。機械設備や車両など中古相場がある資産については時価を確認してもよいと思います。

以前、建設資材のレンタル会社を評価した際、レンタルされる資産が1個10万円未満であるため取得時から完全に簿外となっている点に驚いたことがあります。簿外資産のレンタルなので売上げ＝利益となり、利益率100％のビジネスとなっていました。

同様に工事現場で使用する鉄板を副業的にレンタルする会社を評価したことがありますが、鉄板の税法耐用年数は3年であり、ほぼ簿外となっていました。こうした鉄板は中古市場があり、大きいものは1枚10万円で取引されていたため、それだけで時価数億円の簿外資産として評価しました。

(2) 特例により減価償却済みの資産

政策減税の一環としての特別償却を実施した資産も簿価が実勢より低くなっているため評価上の扱いを別途検討する必要があります。有名なのがグリーン投資税制による太陽光発電設備の100％即時償却です。残念ながらこの制度は終了してしまいましたが、要件を満たす設備を取得した場合、取得年度で取得価額を全額償却することができた制度です。M&Aを検討するような優良法人の場合、法人税対策も兼ねて太陽光投資を行っている会社も散見されますが、即時償却はあくまで税務特例であり、資産評価としては通常償却した額にて評価すべきとも考えられます。

(3) 保険契約

Q38で取り扱った半損の保険であればB/Sに保険積立金が計上されているため見逃すおそれはほとんどないのですが、支払保険料が全額損金になるいわゆる「全損」の保険の場合、B/Sには何も計上されていないため、P/Lに支払保険料が計上されているケースでは対象会社がどういった保険に加入しているか確認する必要があります。この点、実務上、よくお目にかかるのが中小機構（独立行政法人中小企業基盤整備機構）の「経営セーフティ共済」です。800

第6章　デュー・ディリジェンス（DD）の要点　73

万円まで全額損金計上できる共済であり、含み益としてカウントできます。この共済を損金算入するには所定の別表添付が求められますが、添付を失念している場合や、何年も前に支払いが完了している場合などもあるので保険証券の現物確認なども行う必要があります。

　以上、B/S計上はされていなくても経済価値を有する資産はそれなりにあるので、アドバイザーとしてはDDを行う際にこうした資産を見逃さないようにしたいところです。

Q40 買掛債務、営業債務の着眼点

買掛債務や営業債務のDDにおける着眼点を教えてください。

A40 ①会計処理、②網羅性、③支払サイトを確認します。

　買掛債務については売掛債権と同様の視点で調査を進めます。まずは、①発生主義で計上されているか確認します。締め日後の仕入れについて計上していない会社もありますので念のために確認します。

　次に②補助残高一覧表などを入手して相手先別の残高を把握した上で仕入れの相手先別金額と突き合わせるなどして買掛金計上の網羅性を確認します。

【図表6-14】買掛債務の回転期間

①在庫粉飾修正前

項目	28期	29期	30期
売上原価（千円）	850,000	790,000	670,000
月仕入（千円）	70,833	65,833	55,833
買掛金（千円）	170,000	150,000	130,000
回転期間（月）	2.4	2.3	2.3

②在庫粉飾修正後

項目	28期	29期	30期
売上原価（千円）	850,000	790,000	720,000
月仕入（千円）	70,833	65,833	60,000
買掛金（千円）	170,000	150,000	130,000
回転期間（月）	2.4	2.3	2.2

74　第3部　中小企業のM&A実務（個別業務編）

③最後に支払サイトを確認します。**図表6-14**はＸ社の買掛債務の回転期間です。**Q35**で説明したとおり、Ｘ社社長は減収による利益減を回避するため在庫金額を5,000万円過大計上していました。**図表6-14**の②が粉飾の影響を除去した回転期間になりますが、仕入サイトは月末締めの翌々月払いとのことですので、上記計算結果と整合します。

その他の営業債務についても内容確認の上、買掛債務と同様の調査を行います。Ｘ社の買掛債務以外の営業債務は未払金と預り金ですが、未払金は未払給与や経費に係る未払金であり、預り金は給与に係る預り源泉税が主な内容でした。**Q29**で記載のとおり、本件では200万円の未払残業代を指摘されるリスクがありますので、時価純資産の算定にあたって負債に計上します。

Q41 銀行借入金の着眼点

銀行借入金のDDにおける着眼点を教えてください。

A41 借入条件や担保の有無を確認し、保証人の解除や早期弁済などM&A前後に行うべき作業の基礎情報を収集します。

銀行借入金については金銭消費貸借契約書や返済予定表を入手して、契約ごとの借入条件(借入額、返済期間、金利水準)を確認します。

金利については、近年コベナンツ(財務制限条項)付き借入れも見られます。営業黒字や資産超過など一定の条件を満たさなくなった場合に金利水準が上昇するタイプの契約です。

図表6-15はＸ社の借入金明細です。業績低迷により借入金残高が増加している傾向をつかみます。現在、2%から2.5%で借入れを行っているようですが、買手がより低利で資金調達できるのであればM&A後に買手(Ｃ社)がＸ社に融資を行って既存の借入金を一括弁済することも考えられます。そうした検討の前提として既存借入金を早期弁済した場合のペナルティの有無についても確認します。

第6章　デュー・ディリジェンス(DD)の要点　75

【図表6-15】 借入金明細

借入金（合計）

（単位：千円）

	28 期	29 期	30 期
期首残高	12,000	8,000	29,000
新規借入	0	30,000	20,000
期中返済	4,000	9,000	9,000
期末残高	8,000	29,000	40,000
支払利息	250	838	613

借入金A（2,000万円／5年／利率2.5%）

（単位：千円）

	28 期	29 期	30 期
期首残高	12,000	8,000	4,000
新規借入			
期中返済	4,000	4,000	4,000
期末残高	8,000	4,000	0
期中平均残高	10,000	6,000	2,000
支払利息	250	150	50

借入金B（3,000万円／6年／2.5%）

（単位：千円）

	28 期	29 期	30 期
期首残高			25,000
新規借入		30,000	
期中返済		5,000	5,000
期末残高		25,000	20,000
期中平均残高		27,500	22,500
支払利息		688	563

借入金C（2,000万円／5年／2%）

（単位：千円）

	28 期	29 期	30 期
期首残高			
新規借入			20,000
期中返済			
期末残高			20,000
支払利息			0

　この点に関連し、中小企業では信用保証協会の保証付き融資を受けている会社も多いのですが、そうした会社ではB/Sに前払信用保証料が計上され、融資期間にわたり費用化されていると思います。こうした借入金を早期弁済した場合、未経過の保証料が返金されますが、返金額の計算は単純な月割り計算ではなく差損が生じることが多いのでこのあたりも注意をする必要があります。

　また、借入れごとの担保の有無（保証人や不動産担保）を確認します。売手の社長や親族が保証人となっている場合、M&A時に解消する必要があります。X社の借入金についても社長X氏が連帯保証人になっていますのでM&A時に外す交渉が必要となります。

Q42 簿外債務の把握と評価

DD における簿外債務の把握と評価について教えてください。

A42 契約書や議事録といった社内資料により調査をしますが、網羅的に検出することは難しいので最終的には売手に簿外債務不存在の旨を保証させます。

　簿外債務の有無の把握は DD の最も重要な目的と言ってもよい項目ですが、実際に会社の全ての債務を網羅的に検出するのは至難の業ですので、最終的には株式譲渡契約書における表明保証条項（**巻末資料**参照）により売手に簿外債務がない旨を保証させます。簿外債務になりうる主な項目を以下、列挙します。

【主な簿外債務項目】

(1)　営業債務：長期契約、製品保証契約、ポイントカード
(2)　金融債務：リース債務、デリバティブ、手形の裏書・割引譲渡高
(3)　労働債務：未払残業代、未払退職金
(4)　租税債務：未払税金、顕在化していない税務リスク
(5)　保証債務：第三者に対する債務保証
(6)　訴訟、係争案件：訴訟による損害賠償リスク、クレーム対応コスト

(1)　営業債務については仕入先との長期契約（最低数量の仕入義務など）、得意先への製品保証契約に基づく債務などが挙げられます。近年よく論点になるものに小売業におけるポイントカードがあります。非上場企業の場合、ポイントによる債務を B/S 計上している会社は稀だと思いますが、これだけポイント制度が普及しますとかなりの財務インパクトがある会社も多いと思います。制度の概要（付与条件、使用条件、使用期限）を確認した上で、現在の会員数や有効ポイントを把握し、債務に計上すべき額（例えば、有効ポイント数×過去の平均利用率）を検討します。

(2)　金融債務については、まずリース債務の状況を確認します。**図表 6-16**

第 6 章　デュー・ディリジェンス（DD）の要点　77

はX社のリースの状況です。中小企業ではリースはオフバランス処理されていることが一般的ですが、両建てしても資産と負債がほぼ同額増加するだけですので時価純資産価額の評価上、調整することは稀です。ただし、事業譲渡の案件では承継するリース資産のみ考慮して付随するリース負債を漏らしているケースがたまにありますので買手サイドとしては留意が必要です。

【図表6-16】リース契約

(単位：千円)

資産名	期間	リース料		各期リース料				残債
		月額	総額	27期	28期	29期	30期	
OA機器	7年間	24	2,000	286	286	286	286	857
OA機器	5年間	25	1,500	300	300	300	300	300
監視カメラ	5年間	17	1,000			100	200	700
			合計	586	586	686	786	1,857

また、金融債務ではデリバティブ債務や手形の裏書・割引譲渡高なども把握する必要があります。以前、社会問題化しましたが、金利スワップの含み損などを抱えている会社もありますので残高証明書などで確認します。

(3) 労働債務では**Q29**で触れたとおり、未払残業代や未払退職金が論点となります。DDでは人事・給与関連規程を入手するとともにヒアリングを行い、簿外債務の有無を確認します。調査の結果、X社では退職金制度があり、退職時の基本給に所定のポイントを乗じた額が退職一時金として支払われる規程が運用されていました。30期末の退職金の自己都合要支給額は3,000万円と計算されたため、時価純資産額の計算にあたって控除します。

(4) 租税債務は未払税金の計上不足額の他、今後の税務調査で想定される追徴税額となります。この点は**Q44**で解説します。

(5) 保証債務については、議事録や稟議書、契約書などの調査で検出しますが、中小企業の場合、議事録や稟議書が整備されていないことも多いので、最終的には売手会社の社長に確認します。本事例ではX社社長が、友人が経営するG社（**Q38**も参照）による他の第三者からの借入れに際して債務保証を行っていたことが判明しました。当該借入れは既に返済されており、

今後負担が生じることはないとのことですが、M&A前に保証契約を解約することが必要です。

(6) 訴訟、係争案件については現在の係争案件の有無を確認し、対象会社の今後の負担額を見積もります。

Q43 純資産の部における着眼点

純資産の部における調査のポイントを教えてください。

A43 ①設立以来の資本移動の確認、②会計と税務の資本項目の確認、③過去の配当実績などを確認します。

資本項目についてはまず会社設立以来の資本移動について株主名簿を入手し（Q18参照）、登記簿、議事録、契約書など根拠資料も入手して確認を行います。中小企業では株主名簿が整備されていないケースも多いですが、その場合、法人税確定申告書の別表2をベースに過去の株主異動の合法性につき検証します。

過去の株式譲渡に疑義が残る場合や所在不明株主が多い場合などは株式譲渡後に真実の株主が現れるなどのリスクがあるため、弁護士を交えて検討を行います。多少のリスクであれば売主に表明保証をさせて買手が負担することが多いのですが、リスクの程度が大きい場合、会社分割や事業譲渡にスキームを変更することも行われます。

次に資本項目全体につき会計処理と税務処理の妥当性を確認します。通常であれば会計の資本項目と税務の資本項目は一致しますが、過去に自己株取得や組織再編が行われている場合、処理が誤っていることもあります。その場合、各種の税務申告にも影響しますので根拠書類を入手の上、確認を行います。

また、過去の配当実績なども確認しておきます。売買金額の交渉を行うにあたり、過去に会社から総額いくらの配当収入を得ていたかを知ることは重要です。

第6章　デュー・ディリジェンス（DD）の要点　79

Q44 税務 DD における調査項目と着眼点

税金項目の調査の概要と着眼点を教えてください。

A44 ①未払税金残高の検証、②現時点における未納税額の有無確認、③確定申告書の検証に加えて、③ M&A 後の税務調査における税務リスクの有無を確認します。また、赤字会社であれば繰越欠損金の使用可能性について確認します。

【図表 6-17】税金項目

(単位：千円)

科目	27 期	28 期	29 期	30 期
経常利益（①）	84,239	57,621	33,763	34,253
法人税等（②）	29,351	19,809	16,972	12,130
税引後当期純利益	54,888	37,812	16,791	22,123
税負担率（②÷①）	34.8%	34.4%	50.3%	35.4%

ⓐ

　税金項目の調査についても全体を俯瞰してから、細部へと入っていきます。現在中小法人の実効税率は35％程度ですが、**図表 6-17** に記載のとおり、X社の 29 期の税負担率が 50.3％と異常な高率になっている点に気づきましたでしょうか（図表のⓐ）。実はこの期に税務調査が入っており追徴税額が発生しているため法人税等が多額になっています。

　まずは、過去の確定申告書を入手し、未払税金計上額の妥当性を確認するとともに現時点における未納税額の有無を確認します。X 社の所得計算の概要は**図表 6-18** のとおりシンプルであり、特に問題はないと思われます。

　法人税の他、消費税、源泉所得税など税理士としての経験値を活かし、現在の申告の問題点の有無を検討します。また、償却資産税や事業所税など、本来申告すべき税金が無申告になっているケースは見落としがちですので注意が必要です。

80　第 3 部　中小企業の M&A 実務（個別業務編）

【図表6-18】課税所得の計算（当初申告）　　　　　　　　　（単位：千円）

科目	27期	28期	29期	30期
経常利益	84,239	57,621	33,763	34,253
納税充当金支出事業税	▲ 3,500	▲ 4,224	▲ 3,745	▲ 1,802
中間事業税	▲ 3,500	▲ 1,468	▲ 990	▲ 531
交際費損金不算入	0	200	100	0
税務調査事業税			▲ 1,200	
課税所得	77,239	52,130	27,927	31,920
法人税等（38%）	29,351	19,809	10,612	12,130
中間納付額	13,300	5,577	3,764	2,016
期末未納税額	16,051	14,233	6,849	10,113

【図表6-19】29期修正申告　　（単位：千円）

項目	金額
税務調査否認額（私的交際費3期分）	12,000
法人税・住民税（28%）	3,360
事業税（10%）	1,200
延滞税等（15%）	1,800
追徴税額計	6,360

　また、**図表6-19**がX社の税務調査による追徴課税の計算過程ですが、28期以前の交際費に毎期400万円の私的な支出（飲食や旅行など）が含まれており、定期同額給与の要件を満たさない役員給与として否認されたことが確認できました。また、29期の交際費にも同様に私的交際費が含まれていたとのことですので、正常営業利益の計算にあたっては加算しうる項目になります。

　次にX社が行う各種取引から、将来の税務調査において問題となりそうな事項（税務リスク項目）があれば、その顕在可能性と否認時のリスクを検討します。

　本事例では上記の交際費の他、多少の公私混同があり、税務調査で議論となる可能性がある項目がありますので（勤務実態のない役員報酬や名目的な顧問料支払い）、株式評価上どのように取り扱うか検討します。否認のリスクが高

いのであれば、簿外債務として純資産評価から控除しますが、本事例では全く支払いの根拠がないわけでもないので株価評価上特に考慮しないとの結論になりました

また、本事例のX社は黒字会社ですが、赤字会社のM&Aの場合は税務上の繰越欠損金について発生原因や利用期限を確認し、M&A後のタックスプランニングに役立てます。

M&A 税理士コラム⑦：M&A と税務調査

M&Aは株主が大きく変動し、当事者の税務ポジションも大きく変わるため、M&Aを機に税務調査が行われることも多いです。対象会社に税務調査が入った場合、一番議論となる可能性があるのは役員退職金を支払った場合の退職金額の妥当性です。次に買手（法人）に税務調査が入った場合、確認を求められるのがアドバイザーに対するFA報酬や専門家に対するDD報酬の経理処理です。株式取得の附随費用は取得原価に算入するのが税務のルールですので、取得原価に算入するのがあるべき処理となります。

最後に売手（個人）に対する税務調査ですが、税務署の個人課税部門による調査の他、最近は資産課税部門による調査が多く行われています。これは将来の贈与税・相続税の課税のための事前の情報収集であり簡易なものですが、申告自体の妥当性の他、譲渡代金をどのように運用・使用しているかが確認ポイントとなります。また、調査対象者の他に株を売却した株主がいないか（申告漏れがないか）、念入りに確認が行われます。

Q45 キャッシュフローにおける調査項目と着眼点

キャッシュフローにおける調査項目と着眼点を教えてください。

A45 過去の資金繰りの状況を把握するとともにM&A後の資金繰りに必要な情報収集を行います。

---

82 第3部 中小企業のM&A実務（個別業務編）

Q33でも解説しましたが、過去の資金繰りの状況を把握します。対象会社の資金繰り表を入手するか、作成していない場合はキャッシュフロー計算書を作成します。キャッシュフロー計算書を作りなれていない税理士の方もいると思いますが、作成方法を解説した書籍などもありますし、自動的に計算書を作成してくれる経理ソフトもありますので、是非作成ノウハウを身に着けてもらえればと思います。

図表6-20は、X社の過去3期間のキャッシュフロー計算書です。

【図表6-20】X社のキャッシュフロー計算書推移 （単位：千円）

科目	28期	29期	30期
売上収入	1,126,000	1,028,000	886,000
仕入支出	▲ 900,000	▲ 820,000	▲ 740,000
役員報酬支払	▲ 44,000	▲ 44,000	▲ 38,000
その他人件費支出	▲ 31,169	▲ 26,836	▲ 28,519
その他経費支出	▲ 104,302	▲ 97,369	▲ 89,772
法人税等の支払	▲ 21,628	▲ 24,356	▲ 8,865
消費税の支払	▲ 6,208	2,976	▲ 3,356
①営業活動に係るCF	18,693	18,415	▲ 22,512 —ⓐ
固定資産取得支出	▲ 20,000	0	0
固定資産売却収入	0	0	0
②投資活動に係るCF	▲ 20,000	0	0
有価証券取得支出	▲ 20,000	0	0
有価証券売却収入	0	15,000	0
借入金収入	0	30,000	20,000
借入金弁済支出	▲ 4,000	▲ 9,000	▲ 9,000
保険料支払	▲ 10,000	▲ 10,000	▲ 10,000
③財務活動に係るCF	▲ 34,000	26,000	1,000
当期CF増減（①+②+③）	▲ 35,307	44,415	▲ 21,512

	28期	29期	30期
期首現預金残高	41,032	5,725	50,140
期末現預金残高	5,725	50,140	28,628

第6章 デュー・ディリジェンス（DD）の要点 83

減収により 30 期では営業キャッシュフローが赤字になり（図表の@）、現預金残高が大きく減少している点が読み取れると思います。本事例では在庫の水増しにより 5,000 万円の利益の過大計上が行われていたわけですが、キャッシュフロー計算書の前では粉飾も無力です。本件では利益率や回転期間の異常値から粉飾の可能性を疑いましたが、キャッシュフロー計算書からもそうした疑問が湧いてきます。入手する財務情報とヒアリングによる定性情報を多面的に検討して、つじつまが合わない点があれば納得するまで確認することが重要です。

Q46 DD 結果を踏まえた時価純資産評価

DD の結果を踏まえた時価純資産価額の評価について教えてください。

A46

帳簿価額に含み損益を加減して時価純資産価額を算定します。本件 X 社の時価純資産価額は約 3 億 5,900 万円と算定されました。

　図表 6-21 は Q24 で解説した仲介会社方式における時価純資産価額の計算明細です。Q24 でも述べましたが、時価純資産価額の算定プロセスは税理士であれば問題なく理解できると思います。具体的な調整内容は各 Q を参照してください。X 社の時価純資産価額は約 3 億 5,900 万円と算定されました（図表の@）。

84　第 3 部　中小企業の M&A 実務（個別業務編）

【図表6-21】X社時価純資産額の算定 （単位：千円）

科目	簿価	含み損益	時価	参照	科目	簿価	含み損益	時価	参照
現金	900		900	Q33	買掛金	130,000		130,000	Q40
預金	27,728		27,728	Q33	未払金	13,301	2,000	15,301	Q40
受取手形	247,500		247,500	Q34	未払法人税等	10,113		10,113	Q44
売掛金	102,500	▲30,000	72,500	Q34	未払消費税等	745		745	Q44
商品	180,000	▲50,000	130,000	Q35	預り金	971		971	Q40
貸倒引当金	▲3,500		▲3,500	Q34	流動負債	155,130	2,000	157,130	
流動資産	555,128	▲80,000	475,128		長期借入金	40,000		40,000	Q41
車両運搬具	7,113	9,620	16,733	Q36	固定負債	40,000	0	40,000	
工具器具備品	1,444		1,444	Q36	退職給付引当金	0	30,000	30,000	Q42
有形固定資産	8,558	9,620	18,177		保証債務	0		0	Q42
電話加入権	360	▲360	0	Q36	簿外負債合計	0	30,000	30,000	
ソフトウエア	300		300	Q36	負債合計	195,130	32,000	227,130	
無形固定資産	660	▲360	300		資本金	10,000		10,000	Q43
出資金	10		10	Q38	利益準備金	2,500		2,500	Q43
投資有価証券	55,000	14,000	69,000	Q38	繰越利益剰余金	426,726	▲79,740	346,985	Q43
保険積立金	15,000	9,000	24,000	Q38	純資産合計	439,226	▲79,740	359,485	ⓐ
投資その他の資産	70,010	23,000	93,010		負債・純資産合計	634,356	▲47,740	586,615	
固定資産	79,228	32,260	111,487						
資産合計	634,356	▲47,740	586,615						

　なお、含み損益に対する税効果（含み益に対する未払税金や含み損に対する税金削減効果）を考慮することも行われますが、本事例では調整しないこととします。

Q47　DD結果を踏まえた営業権評価

DDの結果を踏まえた営業権の評価について教えてください。

A47　DDにおける検出項目を調整後の税引後の正常営業利益は過去3期平均で約4,600万円、直近期で約1,600万円となりました。後者に基づき営業権を算定すると約4,800万円から約8,000万円と計算されます。

【図表6-22】X社正常営業利益と営業権の算定

正常営業利益の算定 (単位：千円)

科目	28期	29期	30期	参照
営業利益	57,611	29,321	34,705	
①退任役員報酬（X氏）	30,000	30,000	24,000	Q29
②退任役員報酬（Z氏）	5,000	5,000	5,000	Q29
③役員報酬削減額（Y氏）	5,000	5,000	5,000	Q29
④新任役員報酬	▲ 15,000	▲ 15,000	▲ 15,000	
⑤未払残業代	▲ 1,000	▲ 1,000	▲ 1,000	Q29
⑥節税保険料	5,000	5,000	5,000	Q38
⑦私的交際費	4,000	4,000	0	Q44
⑧私的顧問料（P社）	12,000	12,000	12,000	Q30
⑨私用資産減価償却費	4,170	6,601	3,848	Q36
⑩在庫過大計上			▲ 50,000	Q35
⑪賃料削減効果	1,200	1,200	1,200	Q30
調整項目計	50,370	52,801	▲ 9,952	
調整後営業利益	107,981	82,122	24,754	
法人税等（35%）	▲ 37,793	▲ 28,743	▲ 8,664	
調整後税引後営業利益	70,188	53,379	16,090	

正常営業利益の算定 (単位：千円)

利益指標	正常営業利益	営業権	
		× 3年分	× 5年分
3期平均	46,552	139,657	232,761
直前期	16,090	48,270	80,450

ⓐ

図表6-22 は **Q24** で解説した仲介会社方式における営業権評価の計算明細です。確定決算における営業利益を起点に DD で検出された各種項目を加減算して調整後営業利益を計算し、法人税等を控除して正常営業利益を算出します。調整項目の詳細は参照欄の各 **Q** を参照ください。なお、社長の X 氏及び Z 氏は退任予定のため役員報酬全額を加算、専務の Y 氏は退任後に顧問に就任するため報酬削減額を全額加算していますが、代わりに経営管理に従事する役員の報酬を年額 1,500 万円と想定しています（図中④）。

通常の場合、過去 3 期程度の営業利益を平均した金額に基づき営業権を算定

86 第3部 中小企業の M&A 実務（個別業務編）

しますが、本事例では得意先 B 社向けの売上げの消失により営業利益が大幅に減少している状況であり、過去平均値を用いると過大な評価になってしまいます。よって直前期の正常営業利益 1,609 万円に基づき営業権を算定します（図表の ⓐ）。この点は売り買い双方とも異存はないと思いますが、3 年分とするか 5 年分とするかは当事者の交渉になります。変化の激しい現在の経済環境のもとで将来 5 年分の利益を前払いすることはかなりリスクが高いため、昨今の実務では 3 年程度で交渉が妥結するケースが多いです。

　以上、営業権の算定過程につき X 社の事例に基づき解説しました。営業利益につき過去の平均値を用いるのは将来の利益が過去の平均値程度は生じるであろうとの前提に基づいています。よって、X 社のように利益が急減している会社や逆に成長期で利益が急拡大している会社の場合、機械的に算式を当てはめるのではなく実態を評価に織り込む工夫が必要となります。過去の延長線上で将来を語れない会社については仲介会社方式での評価はなじまず、DCF 法等の評価が適することになりますが、本書の範疇を超えますので説明は省略します。

Q48 DD 結果を踏まえたバリュエーション結果

DD 結果を踏まえた X 社の評価額について教えてください。

A48 時価純資産価額 3 億 5,900 万円＋営業権（4,800 万円～8,000万円）で 4 億 700 万円～4 億 3,900 万円と算定されました。

　Q24 で解説したとおり、仲介会社方式による株価評価は時価純資産価額による評価額に営業権の評価額を加算して計算されます。本件 X 社の評価額は以下のとおり算定されました。

【図表 6-23】仲介会社方式による X 社の株式評価結果

> 株式評価額＝時価純資産価額＋営業権評価額（正常営業利益×3～5 年）
> X 社の株式評価額＝3 億 5,900 万円＋1,600 万円×3～5 年
> 　＝4 億 700 万円～4 億 3,900 万円

第 6 章　デュー・ディリジェンス（DD）の要点　87

Q12 に記載のとおり、当初の売手の希望価格は 6 億円でした。過去の利益の平均値などから計算したものと思われますが、**Q47** で解説したとおり足元で急激に利益が減少していますので、今後利益水準が回復する明確な根拠があるか、よほどのシナジー効果が見込めるといったことがない限り、買手としては飲める水準ではありません。買手の社長や M&A 担当者は一旦、対象会社に興味を持って検討を始めると多少のネガティブな材料が出てもなかなか止める決断ができないきらいがありますが、税理士としては客観的にアドバイスすべきです。

以上、本章では DD の着眼点と DD の検出結果に基づくバリュエーションについて解説しました。次章では X 社の株式譲渡額は 4 億円で折り合ったことを前提にスキーム策定のポイントについて解説します。

Q49 法務 DD における主要論点

法務 DD における主要論点を教えてください。

A49

①株主関連論点、②労務問題及び③不動産関連論点がよく問題となります。リスクが懸念される場合、弁護士などの専門家に早期に相談すべきです。

法務 DD は主に弁護士が担当します。筆者の経験上、よく問題になる論点を以下紹介します。

(1) 株主関連論点

M&A による株式譲渡を有効に成立させるには、現在の株主が真実の株主であることが前提となりますが、社歴の長い会社の場合、名義株や所在不明株主が存在するケースがあります。名義株については 1990 年商法改正前に設立された発起人が 7 名以上求められていた時代に設立された会社でよく問題になりますが、真実の株主に変更する手続きが必要となります。また、所在不明株主

88　第 3 部　中小企業の M&A 実務（個別業務編）

については会社法に基づいた競売等の対応や株式移転による別会社化などのスキーム変更も検討されます。

また、現在の会社法では株券不発行が原則ですが、旧会社法では株券発行が原則であり、株券発行会社の場合は株券の交付が譲渡の成立要件となっています。ここで株主が株券を紛失していると譲渡が行えないという問題が生じます。この場合、株券喪失登録の上で株券を再発行したり、株券不発行会社に移行したりといった方策が検討されます。

株主変動に関しては各種契約書における COC（Change of Control）条項の有無確認も重要です。COC 条項とは経営権の移動があった場合に契約先の会社が契約内容を変更・破棄できる条項を指します。本事例の X 社は大手メーカー Z 社の一次代理店である点が利益の源泉となっていますが、株主が変動した場合でも同条件で取引が継続できることが M&A の前提となるため、代理店契約書での COC 条項の確認は最重要項目となります。

(2) 労務問題

Q29 でも解説しましたが、いわゆる名ばかり管理職や未払残業代など労務関係は M&A でよく問題となります。リスクが高いと考えられる場合には弁護士や社会保険労務士を交えた対処策の検討が必要となります。

(3) 不動産関連論点

Q37 でも解説していますが、土地における土壌汚染や境界の問題、建物における未登記物件、違法建築などがよく問題となります。弁護士や不動産鑑定士、環境調査の専門家など、事案に応じた対処が必要となります。

以上、法務の面でよく問題となる論点を紹介しました。M&A においてどこまで DD をするかは費用対効果の観点から検討されますので、中小企業の DD では法務 DD を省略するケースもなくはありません。ただし、上記のリスクが懸念される場合は、費用をかけてでも早めに弁護士などの専門家を選任すべきです。

第7章 スキーム策定の要点

Q50 スキーム策定の目的と全体像

M&A におけるスキーム策定の目的や全体像について教えてください。

A50

各種リスクの遮断や税負担の最小化など主に法務や税務の観点からベストなスキームを策定します。また、上場企業が買手になる場合には会計も重要なファクターとなります。

【図表 7-1】 M&A のスキーム策定の考慮点

	売手	買手
法務	－	・経営権の安定的な引継ぎ ・許認可の引継ぎ ・各種リスクの遮断
税務	・売却益に対する税負担の最小化 ・私的資産の分離における税負担の最小化	・税務リスクの遮断 ・退職金や営業権の償却などによる税負担の最小化
会計	－	・連結決算への取込み方 ・営業権の償却負担など連結決算における見え方

図表 7-1 は中小企業の M&A のスキーム策定における考慮点をまとめたものです。語弊をおそれずに言いますが、売手は税引後の手取額の最大化のみに興味がある点が一見してわかると思います。

他方、買手は対象会社のビジネスを引き継ぎますので考慮点が多数生じます。経営権や許認可等を安定的に引き継ぎたい一方で、簿外債務や税務リスクなどは引き継ぎたくないという相反するニーズがあります。これがスキームで言う

90 第3部 中小企業の M&A 実務（個別業務編）

と株式譲渡と事業譲渡の使い分けにつながるわけですが、詳細は **Q51** で解説します。さらに、スキームの組み方によっては対象会社に税務メリットが生じることがあります。この点、役員退職慰労金の活用については **Q53** で、分社型分割の活用については **Q56** で活用します。

なお、上場企業が買手になる場合には、「会計」というファクターが登場します。**図表 7-1** にあるとおり、対象会社が買手の連結決算にどう取り込まれて、連結業績にどう影響を与えるか、営業権の償却や PPA（取得原価の配分）の論点ですが、本書では詳細な解説は省略します。

M&A 税理士コラム⑧：M&A における税金の重要性

　本文にも書きましたが、売手は売却額の最大化に最も興味があると思って M&A 業務を進めています。当初は「従業員の雇用さえ守ってくれればそれでいい。値段には全くこだわらない」と仰っていた社長が、最終局面の価格交渉で豹変するのを何度も見てきました。我が子よりかわいい事業を手放す思いと、今後は売却代金のみで生活していかないといけないという事情を考えますと当然の要望と思います。ここで、売却額に対する税金も含めて物事を考えることができるのが我々税理士の強みです。後述する退職慰労金の支払いなど、スキームを工夫することにより売手と買手との希望額の乖離が埋められるケースも多々ありますし、税金が思わぬ落とし穴になってしまい、想定していたほど手取額が残らなかったケースもあります。M&A における税金は極めて重要項目ですので税理士以外の方は素人判断をせず、経験豊富な税理士に相談することをお勧めします。

第 7 章　スキーム策定の要点　91

Q51 株式譲渡と事業譲渡

M&Aは株式譲渡で進めることが一般的であると思いますが、事業譲渡という手法もあると聞きました。両者について説明してください。

A51

株式譲渡は手続きが簡便であり一般的ですが、各種リスクを引き継ぐというデメリットがあります。この点、事業譲渡であれば取得する資産を取捨選択できるため、手間はかかりますがリスクの遮断が可能です。

【図表7-2】株式譲渡と事業譲渡

(1) 株式譲渡

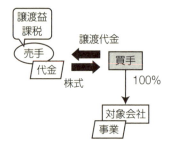

(2) 事業譲渡

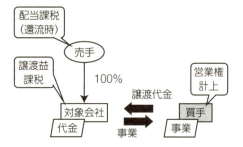

【メリット】
・手続きが簡便
・対象会社欠損金の引継ぎ
　（制限規定には留意）

【デメリット】
・買手が簿外債務を引継ぐリスク
・買手では営業権の損金算入不可

【メリット】
・移転資産を取捨選択できる
・簿外債務の遮断
・税務リスクの遮断
　（著しく低い対価の場合の第二次納税義務には留意）
・営業権（資産調整勘定）の損金算入が可能

【デメリット】
・手続きが煩雑（個別契約の移転、許認可の取り直し）
・移転不動産につき登録免許税、不動産取得税の課税
・対象会社の欠損金の引継ぎなし
・売手（個人の場合）の二重課税
　→資産管理会社化もあり

図表7-2は株式譲渡と事業譲渡のイメージ図とメリット・デメリットをまとめたものです。現状、中小企業のM&Aの大多数が株式譲渡で行われています。株式の譲渡契約のみで会社の全ての権利義務の移管が可能であるためですが、当然に簿外債務を引き継ぎますので粉飾決算をしていた経営不振企業の事業再生案件などでは事業譲渡（ないしはその発展形である会社分割）が行われることも多くあります。また、対象会社株主の権利関係が不明確な場合や、所在不明株主が多数いる場合など、株式譲渡では有効に経営権が引き継げないと思われる場合にも事業譲渡は有効な手段となります。

　個人株主の株式の売却において株式譲渡が好まれるのは税制の問題もあります。図表に記載のとおり、株式譲渡の場合、売手は株式譲渡益課税（20.315％）で課税が完結しますが、事業譲渡の場合、対象会社で事業譲渡益に対して法人実効税率（約35％）で課税が生じ、さらに売却代金を売手に配当で還流した場合、累進課税（最高49.44％）が生じるため手残りが極端に目減りしてしまうためです。法人株主であれば受取配当の益金不算入制度があるため、利益は配当の形で受け取った方が手残りが多くなるのとは対照的です。

　事業譲渡の場合、取得する資産や承継する負債を取捨選択できるのがメリットですが、個別の移転手続きが必要になりますので手間はかかります。また、不動産を移転する場合には不動産取得税や登録免許税といったコストもかかります。さらには事業に係る許認可がうまく移転できない場合もあり、事前に監督官庁に確認を行う必要があります。この点、会社分割を用いた場合、一定の条件を満たすと不動産取得税が非課税になりますし、引き継げる許認可もあります。

　事業譲渡のメリットとしては営業権が税務上の資産調整勘定の計上要件を満たす場合、損金算入できる点が挙げられます。また減価償却資産については中古資産の耐用年数の適用が可能であり、早期に損金化が可能となります。

　以上、株式譲渡と事業譲渡の比較を行いました。以下の**Q**では株式譲渡を前提としてスキーム策定のポイントを解説していきます。

Q52 株式譲渡の課税関係

今般、社長を務めるX社の株式（60%）を総額2億4,000万円で譲渡することになりました。税金がいくら課税されるか、またよい税務対策があれば教えてください。

A52　社長には約4,600万円の税額が課税されます（収入額に対する税負担率は約19.3%）。税務対策については役員退職慰労金と併用する方法があります。また税務対策とは別のものですが、近年はふるさと納税の利用も盛んです。

【図表7-3】個人株主の株式譲渡所得課税

税額＝譲渡所得（売却価額－取得費（注1）－譲渡経費（注2））×原則20.315%（注3）

（注1）実際の取得価額と概算取得費（売却価額の5%）の高い方を使用可能
（注2）FAアドバイザリー報酬など
（注3）所得税15%＋住民税5%＋復興特別所得税0.315%（所得税×2.1%）
　　　　土地譲渡類似株式に該当する場合は39.63%の高率課税になるため留意
　　　　（**Q57**参照）

【税務対策の視点】
①退職金の支払い（**Q53**参照）
②保有する他の株式の売却による損益通算（上場株式の売却損益との損益通算は認められないため注意）
③ふるさと納税の採用→寄附額の30%程度の返戻品が受け取れる（源泉課税の退職金は対象外であり注意）

図表7-3は個人株主が非上場株式を売却した場合の課税のポイントです。20.315%の申告分離課税は説明するまでもありませんが、税理士でも意外に勘違いしている方が多いのが5%の概算取得費です。概算取得費は実際の取得費がわかる場合でも使用できます。なお、贈与で取得した株式を売却する場合、取得費は贈与者の取得費が引き継がれますので念のため。税理士の方であれば誤解はないと思いますが、税金に詳しくない方は、贈与時の時価（相続税評価額）にステップアップしていると勘違いしがちですので適宜アドバイスしてく

94　第3部　中小企業のM&A実務（個別業務編）

ださい。

　税務対策については実務上、役員退職慰労金との併用がよく行われますが、これについては**Q53**で解説します。また、含み損を有する他の株式の売却による損益通算についてですが、上場株式との損益通算は認められず非上場株式の売却のみが認められます。また、株式譲渡後一定期間顧問に就任し、譲渡対価の一部を顧問報酬として支払うことも行われますが、譲渡所得の税率が約20％と低率ですのでさほど税務対策にはならないことが多いです。

　最後に税務対策ではありませんが、近年ふるさと納税がブームになっており、株式譲渡所得が生じた場合も活用が可能です。

【図表7-4】X社の株式譲渡益課税　　　　　　　　　　　　　　（単位：千円）

株主	持株比率	売却価格	実際取得費	概算取得費	譲渡所得	税額	手残り
社長	60.0%	240,000	6,000	12,000	228,000	46,318	193,682
専務	30.0%	120,000	3,000	6,000	114,000	23,159	96,841
社長配偶者	10.0%	40,000	1,000	2,000	38,000	7,720	32,280
合計	100.0%	400,000	10,000	20,000	380,000	77,197	322,803

（注1）実際取得費より概算取得費が高いため概算取得費を使用
（注2）譲渡経費はないものと仮定

　図表7-4は本事例のX社株式の譲渡所得課税の計算明細です。X社社長は約4,600万円の税額が生じますので（図表の@）、収入額2億4,000万円に対する税負担率は約19.3％になります。

第7章　スキーム策定の要点　95

Q53 役員退職金と税務

X 社の社長です。株式譲渡代金と退職慰労金とを組み合わせることで税務対策になるケースがあると聞きましたが、当社の場合について教えてください。

A53

譲渡金額が高額になる場合、必ずしも退職金が税務対策として有効とは限りません。ただし、退職金については適正額である限り X 社の損金になりますので、買手に生じるメリットをシェアすれば、税引き後の手取り額を増加させることが可能です。

【図表 7-5】役員退職慰労金課税

税額＝（退職金額（注 1）－退職所得控除額（注 2））× 1/2 ×累進税率（最高 55.945%）

（注 1）実務上、以下の功績倍率方式がよく用いられる
退職金額＝最終報酬月額×勤続年数×功績倍率
功績倍率は同業他社や過去の判例（右参照）に
基づき決定される

役職	功績倍率
社長	3.0
専務取締役	2.4
常務取締役	2.2
取締役	1.8
監査役	1.6

（注 2）勤続年数 20 年以下：40 万円×勤続年数
勤続年数 20 年超：800 万円＋ 70 万円×（勤続年数－ 20 年）

図表 7-5 は退職所得の課税関係です。悩ましいのは功績倍率で、過去の判例に従っていれば全く問題ないというわけではなく、実務上は判例に沿って決定するケースも多く見られます。

【図表 7-6】X 社の退職所得課税と株式譲渡益課税

(単位：千円)

株主	最終報酬月額	勤続年数	功績倍率	退職金額	退職所得	税額	手残り
社長	2,000	30	3.0	180,000	82,500	41,258	138,742
専務	750	30	2.4	54,000	19,500	7,059	46,941
			合計	234,000	102,000	48,317	185,683

（注 1）功績倍率は過去の判例に基づき決定

96　第 3 部　中小企業の M&A 実務（個別業務編）

株主	持株比率	売却価格	実際取得費	概算取得費	譲渡所得	税額	手残り
社長	60.0%	99,600	6,000	4,980	93,600	19,015	80,585
専務	30.0%	49,800	3,000	2,490	46,800	9,507	40,293
社長配偶者	10.0%	16,600	1,000	830	15,600	3,169	13,431
合計	100.0%	166,000	10,000	8,300	156,000	31,691	134,309

(注 1) 概算取得費より実際取得費が高いため実際取得費を使用
(注 2) 譲渡経費はないものと仮定

株主	①株式譲渡のみ			②退職金併用			差異（②−①）	
	総収入	手残り	税負担率	総収入	手残り	税負担率	総収入	手残り
社長	240,000	193,682	19.3%	279,600	219,327	21.6%	39,600	25,645
専務	120,000	96,841	19.3%	103,800	87,233	16.0%	▲ 16,200	▲ 9,607
社長配偶者	40,000	32,280	19.3%	16,600	13,431	19.1%	▲ 23,400	▲ 18,849
合計	400,000	322,803	19.3%	400,000	319,992	20.0%	0	▲ 2,811

図表 7-6 は X 社の対価総額 4 億円のうち、功績倍率方式により計算した退職慰労金（合計 2 億 3,400 万円）を社長と専務に払った後に残額 1 億 6,600 万円を株式の譲渡対価とした場合の手取り額の計算です。表中①と②の税負担率を見てほしいのですが、総収入（退職金と株式対価）に対する税負担率が社長は株式譲渡のみの場合に比べて増加しており、専務は逆に減少しています。

これは所得水準が低い段階では、退職所得控除や累進税制の効果で退職所得が有利、所得が高くなるほど退職所得が不利になることを示しています。

退職金を払えば払うほど税金が安くなるという誤解がありますが、退職所得控除額を無視した最高税率の比較では、株式譲渡所得約 20％＜退職金約 27.5％（55％× 1/2）ですので所得が高い水準では退職金が不利になります。

ただし、退職金については適正額である限り、X 社の損金になりますので買手にとっては税務メリットが生じます。本件では 2 億 3,400 万円の退職金が支払われますが、法人の実効税率を 35％と仮定した場合、約 8,200 万円の税務メリットの享受が可能です。譲渡価格を上乗せしてもらい、税務メリットを売手と買手でシェアすれば、退職金を支払った方が最終的な手取り額を増加させることが可能です。

M&A 税理士コラム⑨：悩ましい功績倍率

「先生、社長の退職金ですが3倍で問題ないでしょうか？」

M&Aのアドバイザーをしていて一番悩ましい質問です。本書で記載した倍率は絶対的なものではなく、同業種の同規模法人の退職金額との比較で不相当に高額であると判断された場合は損金不算入となるためです。同業種の同規模法人の退職金額を把握するのは不可能に近いということもあり、買手にはリスクを理解して頂きつつ業務を進めていますが、個人的には第三者譲渡における退職慰労金支払いの局面で税務否認など行われるべきでないと考えています。買手も納得した上で退職金額が決定されていること、M&Aの対象となるような優良企業であれば特段の事情なき限り、会社発展に対する功績があると認められるためです。

なお、仮に高額認定されても対象会社で損金算入が認められないだけであり、退職金をもらう役員の所得区分が退職所得から給与所得などに変更されることはありません。

Q54 私的資産の分離手法

X社の社長です。今般のM&Aにあたり社用車を個人で引き取りたいと思っています。どういうやり方があるか、税金面も含めて教えてください。

A54

①売買か②退職金として現物支給する方法が考えられます。なお、対象の私的資産が不動産や事業部門など多額になる場合は③会社分割による方法もあります。

Q36に記載のとおり、X社は社長が利用する高級外車を保有していますが、こうした私的資産はM&A前に個人に引き取ってもらうことが一般的です。引取り手法は売買か退職金として現物支給する方法が考えられます。

98　第3部　中小企業のM&A実務（個別業務編）

【図表 7-7】 私的資産の分離手法

(単位：千円)

①売買

対象会社仕訳				社長仕訳			
現預金	15,000	車両運搬具	5,380	車両運搬具	15,000	現預金	15,000
		車両売却益	9,620				
法人税等	3,367	未払税金	3,367				

②退職金として現物支給

対象会社仕訳				社長仕訳			
車両運搬具	9,620	車両売却益	9,620	車両運搬具	15,000	退職金	15,000
役員退職金	15,000	車両運搬具	15,000				
未収税金	1,883	法人税等	1,883				

(注) 退職金に係る源泉徴収の仕訳は省略

　図表 7-7 が両手法による仕訳です。本件車両の簿価は約 500 万円ですが、売買を行う場合、社長が中古車相場 1,500 万円で買い取るのが原則的な考え方になろうかと思います。その場合、当然に含み益 900 万円に対して税金がかかります。

　次に退職金として現物支給する場合ですが、この場合も時価相当額の退職金を支払ったことになるため、対象会社では資産の含み損益を計上する必要があります。また退職金については源泉徴収が必要になりますが、現物給付の場合は天引きができないため源泉徴収税額分の現金を別途支給するなどの工夫が必要となります。X 社の場合は、相当額の退職金の支給が想定されているため、源泉徴収も問題なく行えます。

　さらにテクニカルな論点ですが、車両や建物など消費税の課税資産を退職金として現物給付する場合、既に発生している（現金での）退職金債務を課税資産で「代物弁済」したと認定されると消費税の課税対象となるという落とし穴もあるため注意する必要があります。この点、後々問題とならないように役員退職金を決議する株主総会議事録において当初からの現物支給である旨明示しておくことが必要です。

　なお、私的資産の分離について、対象となる私的資産が不動産や事業部門など多額になる場合は、会社分割による方法もよく用いられますが、詳細につき **Q55** で解説します。

Q55 分割型分割後の売却

M&Aにおける私的資産の分離を会社分割で行う手法について詳細を教えてください。

A55

2017年の税制改正により分割型分割の使い勝手が格段に向上しており、私的資産の分離に多く活用されるようになっています。

私的資産の分離についてX社のように車両1台であれば売買などで対応できますが、賃貸マンションを複数保有していたり、飲食店などの副業を行っているなど、多額かつ多数の契約関係がある場合、個別の資産譲渡よりは会社分割で包括承継させた方が手続きが簡便です。また、2017年の税制改正によりオーナー系の会社では無税の適格分割として処理する途が開かれることになり、利用の増加につながっています。

【図表7-8】分割型分割後の株式譲渡

(1) 分割承継法人の売却（非適格分割）

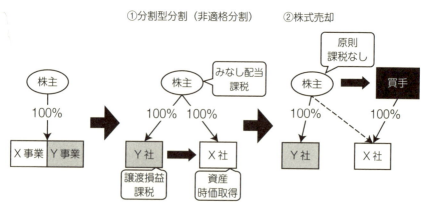

(2) 分割法人の売却（適格分割）

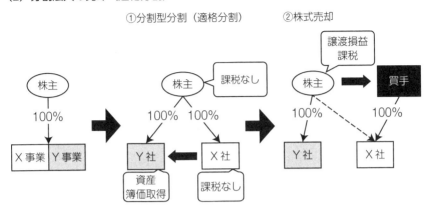

　図表7-8はオーナー一族に支配される会社の分割型分割に係る課税関係です。(1)、(2) ともX事業を外部に売却するのですが、(1) のX事業を切り出すケースでは非適格分割となり、Y社では移転資産にかかる譲渡損益課税、株主にはみなし配当課税が生じます。なお、みなし配当相当額分、株式の取得費が増加しますので、もともとの株式の取得費と対応する資本金等に差額がある場合を除いて、②の株式譲渡時に課税は生じません。

　(2) は逆に譲渡しないY事業を切り出すケースですが、Y社を継続保有する限りにおいて分割は適格分割になり、X社の譲渡損益課税や株主のみなし配当課税は行われません。**Q54**の社用車を分離する事案において、適格分割は事業の移転が前提になりますのでX社の場合は適格要件を満たさないのですが、仮に要件を満たすものとして（例えば、X社の株を社長が100％保有していれば要件を満たします。）、税務処理のイメージをまとめたものが**図表7-9**になります。

【図表 7-9】 分割型分割後の株式譲渡

①非適格分割（車両を新会社に分割して新会社株式を譲渡）　　　　　　　　　　（単位：千円）

X 社仕訳				新会社仕訳			
資本金等	122	車両運搬具	5,380	車両運搬具	15,000	資本金等	122
利益積立金	14,878	車両売却益	9,620			利益積立金	14,878
法人税等	3,367	未払税金	3,367				

株主仕訳			
新会社株式	29,878	X 社株式	15,000
		みなし配当	14,878
所得税	××	現預金	××

（注）前期末純資産に占める移転資産簿価の比率で資本金等が移転。会計 B/S ＝税務 B/S の前提で作成。

②適格分割（車両を新会社に分割して X 社株式を譲渡）

X 社仕訳				新会社仕訳			
資本金等	122	車両運搬具	5,380	車両運搬具	5,380	資本金等	122
利益積立金	5,258					利益積立金	5,258

株主仕訳			
新会社株式	122	X 社株式	122

（注）前期末純資産に占める移転資産簿価の比率で資本金等が移転。会計 B/S ＝税務 B/S の前提で作成。

M&A 税理士コラム⑩：事業承継と財産承継の両立

　社長に一人娘がおり財産は残してやりたいが、事業経営は難しいため会社は M&A で売却するといったケースで分割型分割は非常に有効な手段となります。

　賃貸マンションなど経営力がさほど不要で安定した収益を生み出す資産を分割型分割で切り出した上で事業会社を売却し、社長は売却代金で余生を過ごします。社長の相続財産は売却代金の残りと不動産会社株式となりますが、一人娘は現金で相続税を支払い、不動産会社で安定収益をもらい続けるという構図です。まさに事業承継と財産承継の両立となります。

Q56 分社型分割後の売却

会社分割後の新会社を M&A で取得する事案がよくみられますが、意図するところを教えてください。

A56

①複数事業のうち、一事業のみを取得する場合、②再生案件における第二会社方式など各種リスクの遮断、③営業権の償却メリットの享受などが挙げられます。

Q55 では分割型分割を取り上げましたが、分社型分割も M&A の実務でよく用いられます。

【図表7-10】分社型分割の適用局面

(1) 複数事業のうち一事業を取得

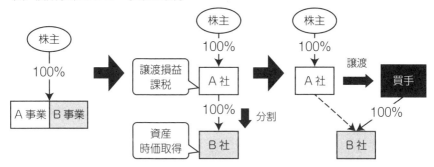

(2) 事業再生案件における第二会社方式

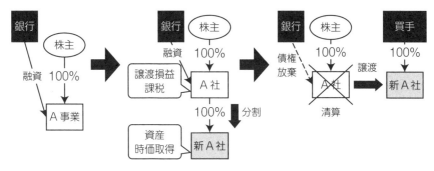

(1)　複数事業のうちの一部分取得

　対象会社が複数事業を行っている場合に、ある事業のみ切り出して取得する
ケースです。分割型分割との差異はB社の売買代金が株主に入るのか、A社
に入るのかの差異になります。本分割はA社によるB社の支配が継続しない
ので非適格分割になり、A社では譲渡損益課税が行われますが、B社では資産
調整勘定が計上され、以後5年間にわたり損金算入効果を享受することができ
ます。

(2)　事業再生案件における第二会社方式

　対象会社が過剰債務により自力再生が不可能な場合、過剰債務を除いた事業
用資産を新会社に切り出してスポンサーに譲渡、もともとの会社は債務免除を
受けて清算する第二会社方式がよく用いられます。会社分割を用いることでス
ポンサーは簿外債務の承継を遮断することが可能となるとともに、もともとの
会社は債務免除益課税を回避することが可能となります。

(3)　営業権の償却メリット

　株式譲渡でM&Aを行った場合、株式の取得価額は貸借対照表に計上されま
すので再度売却するまで損金算入することができません。一方分社型分割で設
立された新会社株式を取得する場合、一定の条件を満たすことを前提に新会社
では営業権部分を資産調整勘定として計上することができます。資産調整勘定
は計上後5年にわたり損金算入されますので買収コストの損金メリットが享受
できることになります。

Q57 不動産 M&A

今般、先代から受け継いだ会社事業を廃業し、本社不動産をマンション用地として売却することを考えています。よい売却方法を教えてください。

A57

不動産を売買することに代えて不動産所有会社を売却することで税負担を抑えることができる場合があります。

【図表 7-11】不動産 M&A の課税関係

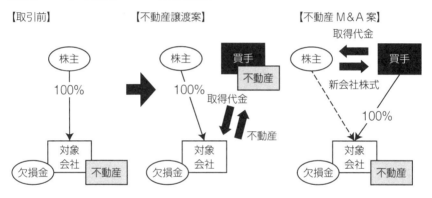

対象者	不動産譲渡案	不動産 M&A 案
対象会社	・不動産の譲渡損益課税（約 35%） ・繰越欠損金による圧縮可能	・課税なし ・欠損等法人（休眠会社の事業開始等）に該当した場合、過去の繰越欠損金は切り捨てられる
株主	・配当課税（最高 49.44%） ・退職所得として受け取ることも考えられ、この場合は実効税率を 27.5%以下に抑えることが可能	・株式の譲渡所得として 20.315%の課税 ・ただし、土地譲渡類似株式等に該当する場合、39.63%の課税
買手	・不動産取得税（原則 4%）と登録免許税（原則 2%）の負担	・不動産取得税や登録免許税の課税なし

　図表 7-11 は不動産を譲渡した後に譲渡代金を配当して株主に還元する案と俗に不動産 M&A と呼ばれる会社を譲渡する案との比較です。廃業した事業が

第 7 章　スキーム策定の要点　105

赤字であり税務上の欠損金を保有していることを前提としています。

（1） 不動産譲渡案

まず、会社が保有する不動産を買手に譲渡する不動産譲渡案ですが、不動産の譲渡益について対象会社で課税された上、配当金についても総合課税されるため、不動産の含み益が大きい場合には税負担が重くなるというデメリットがあります。

ただし、対象会社に欠損金がある場合には譲渡益と相殺できますし、対象会社の株主がこれまで社長として経営に従事してきたのであれば、税務上認められる範囲で退職金を支給することで税負担率を抑えることも可能です。

一方、不動産の買手は不動産を時価で取得することになりますが、この際、不動産取得税が対象不動産の固定資産税評価額の4％課税され、所有権の登記時に登録免許税が3％課税される点も次の不動産 M&A 案の優位性として挙げられます。

（2） 不動産 M&A 案

次に、不動産 M&A 案ですが、株式の譲渡であるため株主は原則として20.315％の分離課税で課税を完結させることが可能となります。ただし、租税特別措置法第32条第2項の土地譲渡類似株式等に該当する場合は、短期の土地譲渡と同様に39.63％で課税され、不動産 M&A の利点が失われるため注意を要します。土地譲渡類似株式の詳細な要件は割愛しますが、会社が短期所有の土地を保有する場合の他、土地は長期保有であっても土地保有会社の株式を短期間で売買した場合も適用対象になるため、例えば、オーナーが他の株主から株式を取りまとめて買手に全て売却する場合など適用対象になってしまう場合があり、留意を要します。

また、対象会社が有する欠損金の取扱いも重要です。休眠会社の50％超の株式移動があった場合などは、欠損金の利用のみを目的とした欠損等法人の買収と見なされて買収前の欠損金の利用は認められないことになります。

┌───┐
M&A 税理士コラム⑪：廃業した方が儲かった

　収益性が低い製造業の会社を売却しようと1年以上頑張ったのですが、買手が現れなかった会社が、苦渋の決断で廃業を決断したところ、事業用地目当てに購入希望が殺到したという皮肉な事例がありました。想定外の高値で売却できたため従業員にも手厚い退職金を支払うことができ、無事に再就職も決まったという事例です。たまたま工場が高速道路の入口の近くにあり、物流基地として考えた場合、高く評価できるという理由でした。駅から近い場所で事業を行う会社が廃業後の土地をマンション用地として高値で売却するようなケースや、銀座の一等地で儲からない小売業をやっている老舗が廃業後の自社ビルを高値で売却するようなケースも散見されます。一般的には廃業はネガティブに受け取られますが、経済的には合理的な場合もありますので税理士としていろいろな角度からアドバイスしたいところです。
└───┘

Q58　役員による MBO スキーム

　　X社の社長です。当社の M&A について仮に専務を相手方とした MBO にした場合、どういう取引が行われることになりますか？一般的なスキームを教えてください。

A58　後継者が特別目的会社 SPC（特別目的会社）を設立し、銀行などから資金調達を受けて対象会社を取得した上で、合併するスキームが一般的です。

　本書では X 社が取引先 C 社に譲渡されるケースを題材に解説を行っていますが、X 社における専務のように役員がオーナーから株式を取得する MBO（エムビーオー：マネジメントバイアウト）もよく行われます。**Q7** でも解説しましたが、経営意欲と能力を兼ね備えた役員がいる場合、事業の安定的な承継という観点からは役員への譲渡が第一の選択肢となります。

第 7 章　スキーム策定の要点　107

【図表7-12】MBOの典型スキーム

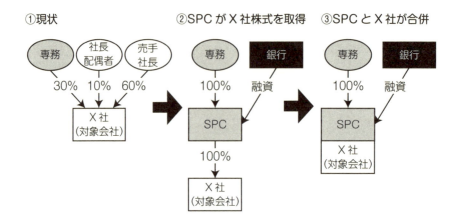

　図表7-12は専務がMBOを行う場合の典型的なスキームとなります。まず専務がSPC（特別目的会社。MBOの受皿会社）を設立します。通常、No.2以下の役員はさほど資力がないことが多いので資本金は1,000万円程度で設立されることが多いです。次にSPCが銀行から融資を受けてX社株式を取得します。本件では専務は既に30％の株主ですので社長夫妻から70％の株式を取得するだけでもよいのですが、その後の合併手続きの簡便化などを目的として専務保有分も含めて100％取得することも多いです。

　また、銀行はX社の財産的価値やキャッシュフローをあてに融資を行いますのでX社に信用力がないとそもそもMBOは行えません。あまりに融資額が大きいと金利負担でMBO後の財務が不安定になりますので、社長が売却代金の一部をSPCに低利で融資したり、SPCに再出資することも行われます。

　その後SPCとX社が合併し、銀行はX社に直接融資をする形になってMBOが完了します。以後はX社の利益をもって銀行借入を弁済していくことになります。

　図表7-13は合併の会計・税務処理をイメージしたものです。なお、X社のB/Sは**Q46**記載の時価B/Sを用い、X社株式は**Q52**にて記載したように、時価4億円で取得する前提で作成しています。

【図表 7-13】合併の会計・税務処理のイメージ

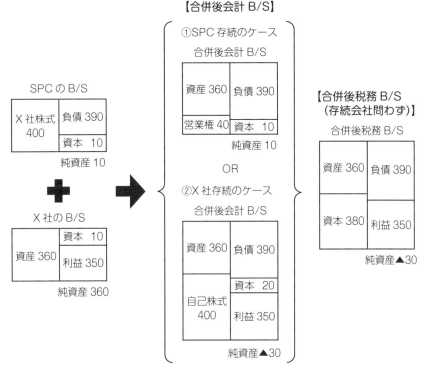

（注）上図において「資本」は会計上の資本金・資本剰余金と税務上の資本金等の額を指し、「利益」は会計上の利益剰余金と税務上の利益積立金額を指す。

　会計処理はSPCを存続会社にするケースとX社を存続会社にするケースで大きく異なります。事業上はX社が存続するいわゆる逆さ合併が都合がよいのですが、SPCから引き継ぐ自己株式が純資産の部から控除される結果、本件のような営業権を評価した株式取得の場合は出来上がりのB/Sが債務超過になってしまうデメリットがあります。財務実態は同じなのですが、銀行は債務超過の会社に融資することは好まないので、このようなケースはSPCを存続会社にすることが多いです。この場合、X社の資産・負債はSPCに移転しますので不動産などを移転するケースでは原則として不動産取得税や登録免許税がかかりますし、従業員はX社からSPCに転籍することになります。また、逆さ合併で実務上よく問題となるのが、許認可の引継ぎです。免許や認可の内

容によっては合併で自動的に引き継がれないものもあり、許認可事業を営む会社を逆さ合併は個別の検討が必要です。

　次に税務処理については存続会社を問わず、同一となります。すなわち両社の資本金等の額と利益積立金額が合算され、SPC が保有する X 社株式の簿価が資本金等の額から減額されます。また、100% 親子会社の合併は適格合併になりますので両社及び SPC の株主に法人税や所得税の課税は生じません。

　以上、MBO の典型スキームを紹介しました。MBO は、①オーナーにとっては創業者利潤を確保した上で事業承継問題や相続税問題から解放され、②後継者にとっては資金がなくても経営権を取得することができ、また③銀行にとっては多額の資金の融資機会が得られるという「三方よし」のスキームとなりますが、対象会社が過度な借入金を背負わないよう留意が必要です。この点、資力ある第三者への売却と比較すると株式の譲渡価格は抑えめにならざるを得ないことが多く、本問冒頭で記載した事業の安定的な承継というメリットとの比較で意思決定が行われることになります。

110　第 3 部　中小企業の M&A 実務（個別業務編）

第8章 DD結果を踏まえた最終判断とクロージングに向けた業務

Q59 DD結果を踏まえた最終判断

DDで検出された各種リスクに対する対処法を教えてください。

A59

リスクの度合いや種類によって、① M&Aの中止、② M&A対価の引下げ、③スキーム変更、④ M&A契約での対処などの方策を検討します。

【図表8-1】DD結果を踏まえた最終判断

---

(1) M&Aを取りやめる
・業法違反、粉飾決算、大口取引先の離脱、反社会的勢力とのつながりなど

(2) M&A対価を引き下げる、もしくは分割払い（アーンアウト条項）とする
・業績不振、正常営業利益の下方修正など P/L 面の要因
・退職給付債務の存在、未払残業代など B/S 面の要因
・将来の顧客離反のリスク

(3) スキームを変更する〜株式譲渡から事業譲渡など
・税金の未納リスク、廃止ビジネスにおけるアフターサービスなど

(4) 株式譲渡契約書の「表明保証条項」への追記
・税金の未納リスク、未払残業代など

図表8-1はDD結果を踏まえた買手の対処法です。重大なリスクが検出された場合は（1）M&Aの中止を検討することになります。業法違反や反社会的勢力とのつながりなどであれば買手も迷わず中止を決断できると思いますが、業績不振程度の場合、いったん乗り気になった買手は今まで要したコストも頭をよぎって中止の決断をくだせないケースも多いです。この点は税理士が客観

第8章 DD結果を踏まえた最終判断とクロージングに向けた業務　111

的な立場でアドバイスしたいところです。

　なお、本書のX社の場合は粉飾決算を行っていたことから中止にする判断も十分あり得るところでした。しかし、粉飾は直前1期のみであり、その他の決算数値は信頼に足る旨DDにより確証が得られたため、案件を進めることになりました。

　リスクが定量化できるものであれば、(2) M&Aの対価の引下げを依頼することでM&Aが前に進むかもしれません。営業権評価の前提となる正常収益力の下方修正や、時価純資産価額算定における含み損の存在などが修正理由になります。

　本書のX社の事例では主要得意先の離脱による収益力の低下を考慮して、希望価格6億円から相当値引いた金額で合意が成立しています。

　また、近年、欧米の実務を参考にアーンアウトと呼ばれる対価の分割支払いも見られるようになりました。クロージング時点では対価の一部のみ支払いを行い、残りの対価は一定の条件（売上高や営業損益など）を達成した段階で支払うといったものです。将来の不確実性を売手とシェアする効果があり、今後中小企業のM&Aでも活用されるかもしれませんが、税務上の取扱い（アーンアウト対価の収益認識時点や所得区分）につき明確な取扱いが公表されておらず、税務否認された事案もあることから、実施にあたっては税理士を交えて慎重な検討が必要になります。

　(3) スキーム変更によるリスクの軽減、回避もよく行われます。**Q51**で解説した事業譲渡や**Q56**で解説した第二会社方式が典型例ですが、株式譲渡では引き継がれてしまう各種リスクにつき、法人格を引き継がないことにより遮断するものです。

　(4)のM&A契約における表明保証条項は顕在化する可能性が低いものやM&A契約時点では定量化が難しい事項に適しています。例えば、将来の税務調査で問題になりそうな項目があるものの、現時点では否認可能性も金額的影響も定かではない場合に、将来の否認時には過少申告加算税などのペナルティも含めて売手が対象会社（ないしは買手）に補填するといった内容を株式譲渡契約書において規定することです。詳細については**Q61**で解説します。

112　第3部　中小企業のM&A実務（個別業務編）

Q60 クロージングに向けた業務

C社の社長です。X社のM&AについてDDも終了し、交渉の結果、企業価値総額につき4億円で合意することができました。クロージングに向けて行うべき業務を教えてください。

A60 私的取引の整理などを行いつつ、株式譲渡契約書を作成します。

　M&Aもここまで来るとゴールが見えてくる感じですが、最終局面では売手はナーバスになりがちなのでより慎重に事を進める必要があります。DDの検出事項に基づきクロージングまでに検討する作業を列挙すると**図表8-2**のとおりになります。

【図表8-2】X社クロージングまでの検討事項と交渉結果

対象者	論点（参照Q）	交渉結果
M&A対価	・M&A対価の総額と支払方法（**Q48、Q52、Q53**）	・対価総額4億円 ・2億3,400万円を退職慰労金で支払い（うち1,500万円は社用車の現物支給） ・生命保険は解約し、返戻金2,400万円を支払に充当 ・株式対価は総額1億6,600万円
役員の処遇	・退任後の処遇（**Q29**）	・社長X氏及び娘Z氏は完全退任 ・専務Y氏は退任するが現在の報酬の約半額で顧問として処遇
関連当事者取引	・X氏の連帯保証（**Q41**）	・銀行交渉により買手C社に切り替え
	・X氏からの本社賃貸借（**Q30**）	・賃料月額30万円を20万円に減額して賃貸継続
	・X氏の社用車（**Q36、Q54**）	・X氏への退職金として現物支給
	・私的な顧問料の支払い（**Q30**）	・契約終了
	・私的な出資金（**Q38**）	・備忘価格でX氏が買取り
契約関連	・仕入先メーカーZ社との仕入契約（**Q28**）	・契約の継続を、株式譲渡契約の停止条件とする

第8章　DD結果を踏まえた最終判断とクロージングに向けた業務　113

M&A 対価については 4 億円で合意しました。**Q48** で計算した対価 4 億 700 万円から 4 億 3,900 万円をベースに交渉の上、決定された金額です。減収傾向の継続は懸念要因ですが、退職慰労金支払いによる税効果 7,560 万円（（支給額 2 億 3,400 万円 − 車両売却益 900 万円 − 保険解約益 900 万円）×約 35%）を考慮すれば十分回収可能との買手の判断です。

役員の処遇については社長 X 氏と娘 Z 氏は完全退任、専務 Y 氏は退任しますが顧問として顧客の引継ぎを行ってもらいます。中小企業では顧客との関係が会社との契約関係というよりも役員との俗人的な関係に依存している場合が多いので、顧客との取引関係がうまく引き継げるかが最重要項目となります。ただし、X 社の最得意先である A 社は C 社の競合先でもあり利幅も極端に悪いことから、C 社社長としては最悪取引関係の終了も覚悟の上、今後の取引価格交渉を行っていきたいとのことでした

関連当事者取引については **図表 8-2** に記載の事項を行うことになりました。うち本社の賃貸借契約の変更や私的な顧問契約の終了、私的な出資金の買取りについては、株式譲渡契約の効力発生における停止条件とすることになりました。

最後に契約関係ですが、X 社は大手メーカー Z 社の一次販売代理店であり、M&A 後も同条件で取引を継続することが本件 M&A の大前提となります。よって、こちらについても株式譲渡契約の効力発生における停止条件とすることになりました。実務的には契約締結後、相手先に本件 M&A について打診し、契約の維持について了解を得るべく交渉を進めることになります。

Q61 株式譲渡契約書の締結

株式譲渡契約書において定めるべき事項についてＸ社のM&Aを例に教えてください。

A61

M&A対価やクロージング日など基本合意した事項についての最終確定、クロージングに向けた実施業務の確定、また売手・買手双方による表明保証などを行います。

Q60で合意に達した諸点も含めて、株式譲渡契約書を作成の上、売手・買手が調整し、締結します。株式譲渡契約書（**巻末資料**）で規定する主な項目は以下のとおりです。

【株式譲渡契約書の主な項目】

(1) 株式譲渡日、譲渡株数及び譲渡金額

(2) 役員の処遇及び退職慰労金

(3) 譲渡における重要物品の引渡しや譲渡代金の振込みに関する取決め

(4) 売手の表明保証

①設立及び法的に有効な存続、②反社会的勢力との断絶、③許認可等の取得、④法令違反の不存在、⑤対象会社株式の存在・所有、⑥株主名簿の記載の真正、⑦財務諸表の適正、⑧簿外債務の不存在、⑨税務申告の適正性、⑩債務不履行の不存在、⑪要承諾取得契約の不存在、⑫知的財産の所有、⑬労務管理の適正、⑭紛争の不存在　など

(5) 買手の表明保証

(6) 譲渡日までの売手と買手の義務

(7) 解除及び損害賠償

Q59でも触れましたが、DDで全てのリスク項目を検出するのは不可能ですので、売手に一定の事項を表明保証させ、違反した場合には買手に損害賠償責任を負わせることが一般的です。最終交渉においては表明保証に違反した場合の損害賠償について、請求の有効期間や上限金額が議論となります。有効期間については2、3年程度、上限金額についてはM&Aの対価総額となるケー

第8章　DD結果を踏まえた最終判断とクロージングに向けた業務　115

スが多いです。X社の事案では未払残業代が論点となった他、私的取引について税務否認のリスクが検出されました。この点、X社の株式譲渡契約書では損害賠償の請求期間を原則2年としつつ、未払残業代の補填責任のみ譲渡日後3年間負わせる契約としています（**巻末資料**参照）。

Q62 M&A 後の財産管理

　　X社の社長です。C社とのM&Aも無事終了しました。売却後の財産管理についてどのように考えていくべきか教えてください。

A62 　現金以外の財産への組替えや資産管理会社の設立が考えられます。

　M&Aで会社を譲渡した場合、非上場会社株式という換金性の低い財産が現金となり、相続税の問題から解放されます。X社の事例においては**Q53**で解説したとおり、社長は2億円程度の現金を手にすることができました。

　これで余生を過ごし、死亡時に残った現金に対して相続税が課税されて個人の課税関係は終了しますので問題はないのですが、相続税の最高税率は55%ですので、このままでは税負担が過大であると考えるかもしれません。

　例えば、X社社長の保有財産がM&Aにより取得した現預金2億円、自宅などその他の財産の評価額が2億円の場合、社長の将来の相続人が妻と娘1人としますと相続税は以下のとおり、1億920万円と試算されます（配偶者控除は未考慮）。

課税遺産総額
　＝課税価格4億円－基礎控除額（3,000万円＋600万円×法定相続人（2名））
　＝3億5,800万円
相続税総額
　（課税遺産総額3億5,800万円×法定相続分1/2×40%－1,700万円）×2名
　＝1億920万円

116　第3部　中小企業のM&A実務（個別業務編）

相続税額を引き下げるため、財産の組替えを行うことも有益です。例えば、安定収入を得るために賃貸マンションを取得した場合、不動産は相続税評価額で評価できますので税額の減少が期待できます。**図表 8-3** の①は 1 億 5,000 万円の賃貸マンションを取得した場合の税額試算です。

【図表 8-3】M&A 後の財産の組替え

(単位：百万円)

株主	M&A 直後	①資産組替え	②資産管理会社設立 （3 年未経過）	③資産管理会社設立 （3 年経過後）
現預金	200	50	0	0
賃貸マンション（土地）		66		
賃貸マンション（建物）		25		
管理会社株式			200	140
その他財産	200	200	200	200
相続税評価額合計	400	340	400	340
基礎控除	▲ 42	▲ 42	▲ 42	▲ 42
課税遺産総額	358	298	358	298
相続税率（％） （最高税率）	40	40	40	40
相続税額	109	85	109	85

(注 1) 賃貸マンションは 1.5 億円で購入（土地の時価 1 億円、建物の時価 5,000 万円）
(注 2) 資産管理会社は純資産価額方式による評価と仮定
(注 3) M&A 後の資金収支は未考慮

賃貸マンション敷地については貸家建付地として自用地価額×借地権割合×借家権割合×賃貸割合の減額が可能です。自用地価額は路線価地域では路線価を基準として計算しますが、路線価は時価の 80％を目安に設定されているため、借地権割合 60％、借家権割合 30％、賃貸割合 100％の場合、評価額は土地の時価× 80％×（1 −（60％× 30％× 100％））となり、時価の 65.6％水準となります。

同様に賃貸マンション建物については貸家として建物価額×借家権割合×賃貸割合の減額が可能です。建物価額は固定資産税評価額となりますが、固定資産税評価額は時価の 70％を目安に設定されているため、借家権割合 30％、賃貸割合 100％の場合、評価額は建物時価× 70％×（1 −（30％× 100％））となり、時価の 49％水準となります。

上記の前提で計算しますと賃貸マンションの取得により財産評価額が約

6,000万円減少し、相続税額は2,400万円減少します。

図表8-3の②と③は株式の売買代金2億円で資産管理会社を設立した上で、資産管理会社で1億5,000万円の賃貸マンションを取得したケースです。開業後3年未満の会社の評価は純資産価額方式となり、会社が不動産を取得した場合、取得後3年間は時価で評価されることになりますので、3年経過前はM&A直後と同様の評価額になりますが、3年を経過した場合、相続税評価が可能になりますので①と同額まで評価額が下がることになります。さらには土地保有特定会社などに該当しない限り、類似業種比準価額方式との折衷法も適用が可能になり、更なる評価額引下げの可能性も生じます。

資産管理会社を設立すべきか否かについてはこうした相続税の税額の他、マンションの賃貸収入に係る所得税や法人税の課税についても考慮した上で総合的に判断する必要があります。

Q5でも解説しましたが、顧問先がM&Aで会社を売却すると顧問先を失ってしまう可能性が高いため、やみくもにM&Aに反対する税理士の方にお会いしたこともありますが、仮にM&Aにより会社との顧問契約が終了したとしてもオーナーとの関係が終わるわけではなく、本問で解説した財産管理など、より個人に近い分野でのサービス提供余地がありますので今までの信頼関係を活かして積極的に関与したいところです。

巻末資料

1. 中小企業 M&A 用語集	120
2. 各種契約書等のひな形	121
（1） アドバイザリー契約書	121
（2） ノンネームシート	128
（3） 秘密保持契約書	130
（4） 基本合意書	133
（5） プロセスレターと意向表明書	142
（6） 株式譲渡契約書	146

1. 中小企業 M&A 用語集

用語	意味	参照 Q
M&A	Mergers&Acquisitions の略。企業の合併及び買収の意	―
FA	Financial Adviser の略。財務アドバイザー	Q3
(M&A) ブティック	M&A 専門の仲介会社。上場企業から個人事業主まで様々な規模の事業者が存在する	Q3
DD	Due diligence の略。買収監査と訳されるが、M&A にあたり各種観点から対象会社のリスクを調査すること。財務 DD、法務 DD、ビジネス DD などがある	Q3、Q21
Valuation	企業（ないしは事業）価値の算定	Q22、Q23
PMI	Post Merger Integration の略。M&A 後の統合業務を指す	Q4
MBO	Management Buyout の略。経営陣による買収の意	Q8
ティーザー、ノンネームシート	案件及び対象会社の要点をまとめた資料	Q16
CA、NDA	Confidentiality Agreement、Non-disclosure agreement の略。秘密保持契約書。詳細な情報開示前に締結する	Q16
IM	Information Memorandum の略。対象会社の詳細な情報をまとめた資料	Q17
意向表明書	M&A の諸条件について買手候補が売手に提出する資料	Q20
LOI、MOU	Letter of Intent、Memorandum of Understanding の略。基本合意書。M&A に係る諸条件についての確認書。通常、法的拘束力はない	Q19
SPA	Stock Purchase Agreement の略。株式譲渡契約書	Q60
仲介会社方式	中小企業 M&A で主流の価値算定方式。時価純資産に年買法による営業権を加算して企業（事業）価値を評価する	Q24
年買法	利益に一定の年数を乗じて営業権の金額を計算する方法	Q24
SPC	Special Purpose Company の略。特別目的会社。MBO などで用いられる受皿会社。	Q58

2．各種契約書等のひな形

（1）　アドバイザリー契約書（Q14）

企業提携に係るアドバイザリー契約書

　株式会社Ｘ（以下、「甲」という。）と■■税理士事務所（以下、「乙」という。）は、甲が企業提携（以下、「本件企業提携」という。）を行うことに関して、以下の通り契約（以下、「本契約」という。）を締結する。

第1条　（定義）
　　　　本契約において企業提携とは、次の各号のとおりとする。
　　　（1）株式又は出資持分の譲渡又は移転その他の行為による、企業の支配権の譲渡
　　　（2）合併、会社分割、株式交換、株式移転その他の方法による株式等の移転
　　　（3）事業又は資産の譲渡
　　　（4）第三者割当増資による資本の受入れ

第2条　（契約の目的）
　　1.　乙は、甲が本件企業提携を行うに際し、甲の依頼に基づき、甲のために次の各号の役務（以下、「アドバイザリー業務」という。）の提供を行う。
　　　（1）企業提携の候補企業（以下、「相手方」という。）の探索と紹介
　　　（2）甲に関する各種資料の相手方への提供、及び相手方に関する各種資料の甲への提供、並びに相手方との面談調整
　　　（3）相手方が行う甲に対する買収監査等の調査業務に対する対応
　　　（4）法律事務所等の外部専門家の紹介及び折衝に関する助言
　　　（5）本件企業提携のスキーム策定に関する助言
　　　（6）本件企業提携に関する事業又は企業価値等の評価に関する助言
　　　（7）本件企業提携に関する契約書等の草案作成に関する助言
　　　（8）相手方との協議、契約書調印及び決済における立会い
　　　（9）その他本件企業提携に関して必要な役務で、甲及び乙が別途合意するもの
　　2.　アドバイザリー業務には、次の各号の役務は含まれない。
　　　（1）法律等の専門的見地からの助言
　　　（2）本件企業提携に関する甲のための代理行為
　　3.　本契約により、甲は乙に対し、本件企業提携の成立を委託するものではなく、また、乙は甲に対し、本件企業提携の成立を受託するものではない。

4. 甲は乙に対し、以下の各号について予め異議なく同意する。

 (1) 乙は、アドバイザリー業務の提供にあたり、その分析及び検討の対象とした全ての情報が正確かつ完全であるという前提に基づいており、これらの情報の正確性及び完全性を一切保証しないこと、及び、かかる正確性及び完全性を検証する義務を負わないこと。

 (2) 乙は、アドバイザリー業務の提供にあたり、甲及び相手方の全ての資産又は負債について、個別の資産及び負債の分析及び評価を含め、独自に評価、鑑定又は査定を行わないこと。

 (3) 乙は、アドバイザリー業務の提供にあたり、甲又は相手方より提供された財務予測が当該時点で入手可能な最善の予測と判断をもって合理的な根拠に基づいて作成されたものであるという前提に基づいており、当該財務予測の正確性及び実現可能性を一切保証しないこと、及び、かかる正確性及び実現可能性を検証する義務を負わないこと。

第3条 （アドバイザリー業務の専属）

 甲は、本契約の有効期間中、本件企業提携のアドバイザリー業務及びこれに類似する業務を乙以外の第三者に重ねて依頼しないものとする。

第4条 （守秘義務）

1. 甲及び乙は、相手方との本件企業提携の事実、本契約の他方当事者から開示された資料及び情報（口頭、書面、電子メール、CD・DVD 等の電子媒体等その他形態を問わない。以下、総称して「機密情報等」という。）を、機密情報等を知る必要のある自己の役員及び従業員（ただし、本条に定める守秘義務と同様の義務を課さなければならない。）並びに弁護士及び公認会計士等の法律上の守秘義務を負う専門家（以下、総称して「開示対象者」という。）以外の第三者に開示又は漏洩しないことに同意する。

2. 前項の規定は、以下に該当する場合には適用されない。

 (1) 本契約の他方当事者から事前に同意を得て開示するもの。

 (2) 開示を受ける前に既に公知となっているもの、又は、開示を受けた後に開示を受けた当事者の責によらず公知となったもの。

 (3) 開示を受ける前に既に自ら所有していたもので、守秘義務のないもの。

 (4) 正当な権限を有する第三者から守秘義務を負うことなく入手したもの。

3. 甲及び乙は、機密情報等を本件企業提携の検討及びアドバイザリー業務の提供に必要な範囲でのみ利用することができるものとする。

4. 前各項にかかわらず、甲及び乙は、法令等の正当な事由により開示義務を負った場合、又は裁判所、税務当局、捜査当局、所管・監督する官庁・機関、金融商品取引所等の要請に応じて機密情報等を開示することが必要な場合には、これを開示することができる。

5. 甲は本件企業提携が成立に至らなかった場合、相手方から直接、又は乙を介して入手した機密情報等（その写しを含む）を遅滞なく乙に返還する。ただし、乙の同意がある場合は、当該機密情報等（その写しを含む）を廃棄し、その旨を乙に通知する。

6. 前各項にかかわらず、乙がアドバイザリー業務に伴い作成し甲に提出した一切の資料及びその写しについて、甲は、乙の事前の書面による同意がない限り、当該資料を第三者に開示することはできない。また、甲は、乙の事前の書面による同意がない限り、本件企業提携に関して第三者に対し開示又は提供する資料において、乙の商号を使用してはならない。

第5条 （交渉）

甲は乙を介して相手方と本件企業提携に関する交渉を行い、乙の同意がない限り、相手方との直接交渉は行わず、直接相手方から情報提供を受けてはならない。

第6条 （情報提供義務）

甲は乙に対し、本件企業提携の検討及びアドバイザリー業務の提供に必要な機密情報等を提供し、乙がその提供された機密情報等を相手方に示すことに同意する。

第7条 （通知義務）

甲は提供済みの機密情報等に関する内容の変更等、本件企業提携の検討又は交渉に影響を及ぼすおそれのある事態が発生した場合には、直ちにその旨を乙に通知するものとする。

第8条 （財務諸表等の瑕疵）

甲が提供した甲の財務諸表等の資料又は機密情報等に虚偽又は不実があり、万が一乙又は相手方に損害を及ぼした場合、甲が一切の責任を負うものとする。

第9条 （自己責任）

甲は、本件企業提携の推進に関して乙の助言を参考としつつも、甲の最終的な判断及びその危険負担のもと甲の責任において行うものとし、甲が具体的にとった

行為の結果に対しては、乙に故意又は重過失のない限り、乙には一切の責任がないことを確認し、甲の責に任ずるものとする。

第10条（報酬）

  1. 着手金

    乙は、甲にアドバイザリー業務の提供を開始する時点において、甲に対し着手金として■円（消費税別途）の支払を請求するものとする。なお、本項に規定する着手金については、乙の請求時より10日以内に支払うものとする。また、本件企業提携の成立不成立を問わず、支払済みの着手金の返還を請求することはできないものとする。

  2. 成功報酬

    本契約期間中、甲と相手方との間で本件企業提携に関する契約が締結された場合、甲は乙に対し下記の料率表により計算した額の累計額から本条第1項に定める支払済みの着手金の額を控除した残額を成功報酬として本件企業提携の決済時又は実行時のいずれか早い時までに支払うものとする。

    なお、本件企業提携の取引、実行又は決済が2回以上にわたる場合、初回の取引、実行又は決済の時に成功報酬の総額を支払うものとする。

【成功報酬料率表】

移動する資本等の価額	料率（消費税及び地方消費税別途）
5億円以下の部分	5%
5億円超10億円以下の部分	4%
10億円超50億円以下の部分	3%
50億円超100億円以下の部分	2%
100億円超	1%

  3. 移動する資本等の価額

    前項における移動する資本等の価額とは、次の各号に定める場合において、当該各号に定める金額に、本件企業提携に伴って役員退職慰労金等により社外に流出する額を加算した額とする。

    (1) 成立した本件企業提携が株式譲渡、合併、株式交換又は株式移転の場合

      当該取引における対象である法人の評価に用いられた株式時価総額及びその株式時価総額算定の基礎となった貸借対照表における有利子負債額の合

計金額とする。ただし、成立した株式譲渡が、当該法人の発行済株式（ただし、自己株式を除く。以下本号において同じ。）の全てではない場合、上記金額に、譲渡対象である株式数が発行済株式に占める割合を乗じて得た金額とする。

(2) 成立した本件企業提携が新株発行の場合
当該取引において発行された株式の払込金額の総額

(3) 成立した本件企業提携が会社分割の場合（会社分割とともに、第1号に定める本件企業提携が行われる場合は第1号が適用される。）
当該取引における分割対価

(4) 成立した本件企業提携が事業譲渡の場合（事業譲渡とともに、第1号に定める本件企業提携が行われる場合は第1号が適用される。）
当該取引における事業譲渡価額

(5) 前各号に定める場合以外の場合
前各号に準じて算出する額

第11条（特別経費）

1. 甲は、事前に甲の承諾を得た範囲で、乙が要したアドバイザリー業務遂行上の弁護士費用、公認会計士費用、コンサルタント費用その他の外部の専門家の費用及びこれらの外部専門家が要した交通費、宿泊費等を含む実費を負担することに合意する。

2. 甲は、事前に甲の承諾を得た範囲で、乙が要したアドバイザリー業務遂行上の交通費、宿泊費等を含む実費を負担することに合意する。

第12条（報告）

乙は甲からアドバイザリー業務の進捗につき報告を求められたときには、直ちに甲に報告するものとする。

第13条（権利義務の譲渡禁止）

甲及び乙は、本契約の他方当事者から事前に同意を得ることなく、本契約により生じる権利又は義務の全部又は一部を第三者に譲渡し、又はこれを承継させてはならない。

第14条（有効期間）

1. 本契約の有効期間は、本契約締結日から1年間とする。ただし、当該期間満了

2. 各種契約書等のひな形（1）アドバイザリー契約書　125

前に本件提携に関する契約が締結されたときは、本契約は終了するものとし、また、当該期間満了の日においても本件提携に関し候補先との交渉が継続している場合、本契約は適宜延長されるものとする。

2. 各当事者は、相手方当事者に対して 30 日以上前に書面により通知することによって、いつでも本契約を終了させることができるものとする。

第 15 条（契約解除）

1. 甲及び乙は、本契約の他方当事者が以下の各号のいずれかに該当する場合、当該他方当事者に何等の通知や催告をすることなく、即時に本契約の全部又は一部を解除することができるものとする。

    (1) 破産手続、会社更生手続若しくは民事再生手続の開始の申立、又は特別清算開始の申立があった場合

    (2) 差押、仮差押、仮処分、強制執行又は競売の申立を受けた場合

    (3) 支払不能となった場合、支払の停止があった場合、又は銀行取引停止処分を受けた場合

    (4) 営業の停止又は許認可の取消を受けた場合

2. 甲及び乙は、本契約の他方当事者が以下の各号のいずれかに該当する場合、当該他方当事者に対して何等の催告をすることなく書面による通知をすることにより、本契約の全部又は一部を直ちに解除することができる。

    (1) 正当な理由なく、本契約の全部又は一部を履行しない場合

    (2) 本契約の有効期間内に本件企業提携が成立する見込みがないと合理的に認められる場合

    (3) 前各号の他、本契約に違反し、その違反により本契約の目的を達成することができないと認められる場合

3. 前二項に基づき解除された場合であっても、解除時点で既に発生している第 10 条に定める報酬に関する請求権及び乙に支払済みの報酬、並びに、解除時点で既に発生している第 11 条に定める特別経費に関する請求権及び乙の支払済みの特別経費には、何ら影響がない。

第 16 条（準拠法及び専属的合意管轄裁判所）

本契約の準拠法は、日本国法とする。また、本契約に起因し、又は関連して生じた係争に関しては、東京地方裁判所を第一審の専属的合意管轄裁判所とする。

第 17 条（協議事項）

本契約に関して甲と乙との間で疑義が生じた場合、又は本契約に定めのない事項については、甲及び乙は誠意をもって協議し解決に努めるものとする。

第 18 条　（その他）

　　1. 第 4 条（守秘義務）の定めは、本契約の終了後、3 年間は有効に存続するものとし、また、第 8 条（財務諸表等の瑕疵）、第 9 条（自己責任）、第 10 条（報酬）、11 条（特別経費）、第 13 条（権利義務の譲渡禁止）、第 16 条（準拠法及び専属的合意管轄裁判所）、並びに第 18 条（その他）の定めは、本契約の終了後も有効に存続するものとする。

　　　　　　　　　　　　　　　　　　　　　　　　　　　　　　　　　　［条文以上］

　本契約締結の証として本書 2 通を作成し、甲、乙記名押印のうえ各 1 通を保有する。

　　　　　　　　　　　　　　2019 年■月■日

　　　　　　　　委任者（甲）　住所　■■

　　　　　　　　　　　　　　　会社名　株式会社 X

　　　　　　　　　　　　　　　代表者　■■　　印

　　　　　　　　受任者（乙）　住所　■■

　　　　　　　　　　　　　　　事務所名　■■税理士事務所

　　　　　　　　　　　　　　　代表者　　■■　　　印

（2）　ノンネームシート（Q16）

M&A 情報のご案内

拝啓　平素は格別のご高配を賜り、厚くお礼申し上げます。

　今般弊事務所では、貴社の経営戦略上有効と思われる M&A 情報（以下、「本件情報」という。）を入手しましたので、ご案内申し上げます。

　但し、本件情報は対象となります企業（以下、「対象企業」という。）の経営戦略上重要な内容を含んでおりますので、本件情報のお取扱いにつきましては十分なご配慮を賜りますようお願い致します。

　万一、本件情報により対象企業が特定された場合におかれましても、対象企業及びその関係者等を含めた外部へのご照会は一切ご遠慮ください。

　本件情報にご興味頂き、対象企業に関する詳細な情報の入手をご希望される場合には、秘密保持契約書をご締結頂いた後、ご案内させて頂きます。

　本件情報を含めて弊事務所よりご案内させて頂きます情報に関するご質問及び照会等は、全て弊事務所宛にお願い申し上げます。

　本資料は、複数の買収候補先へ同時にご案内しております。また、対象企業の判断により、予告なく本件 M&A 取引の中断、或いは特定の候補先との独占的交渉に入ることなどがありますので、予めご了承ください。

　尚、本件資料の内容につきましては対象企業より開示された情報を基に作成されており、投資の勧誘を目的としておりません。企業提携に関する意思決定につきましては、貴社ご自身でご判断頂きますようお願い申し上げます。

敬具

2019 年■月■日
事務所名　■■税理士事務所
担当者名　■■
住所　■■
連絡先　■■

1. 対象企業概要

業種	卸売業
所在地	■■県
売上高	約9億円
役職員数	10名程度
特徴	・上場大手メーカーの一次代理店 ・約30年の業歴 ・毎期の業績も安定

2. 案件概要

売却理由	後継者不在のため
希望条件	価格　　　・・・　応相談（6億円以上を希望） 従業員　　・・・　同条件で継続雇用を希望 役員　　　・・・　全員退任予定
売却スキーム	株式譲渡
売却プロセス 及びスケジュール	■年■月末を期限として意向表明を受付け 以後のプロセスは未定

（3） 秘密保持契約書（Q16）

秘密保持契約書

　当社は、X株式会社（以下、「貴社」という。）の企業提携の検討等（以下、「本件目的」という。）に関わる秘密情報に関して、下記のとおり同意する。

第1条（秘密保持義務）

1. 当社は、(1) 貴社が本件目的に関連して当社に対して開示する一切の情報（文書、電子メール、口頭、電子記録媒体、その他の形態を問わず、また、当初提供された情報を複写、複製、編集、加工、または改変等して得られた情報を含む。）、及び (2) 本件目的に関する検討・交渉が行われている事実及びその内容（以下、「本秘密情報」という。）について、貴社の事前の書面による承諾なく、第三者に開示または漏洩せず、また本件目的以外の目的（特に営業目的）で使用しない義務を負う。

2. 当社は、前項に関わらず、自己の役職員、並びに弁護士、公認会計士、ファイナンシャル・アドバイザーその他の専門家等に、本件目的の検討のため必要最小限の範囲で本秘密情報を開示することができる。なお、貴社の事業と営業上、競合関係にある自己の役職員には、本秘密情報を開示しない。

3. 当社は、本書に従い本秘密情報を開示した相手方たる第三者をして、本書において当社が遵守すべき義務と同等の義務を負わせるものとし、当社は、かかる第三者の当該義務違反に関して、貴社に対して責任を負うものとする。

4. 当社は、適用法令（公的機関及びこれに準ずる団体の定める規則、手続き、基準及びガイドライン並びに判決、決定及び命令を含む。以下同じ。）に基づき必要とされる場合、本秘密情報を開示することができる。この場合、当社は、あらかじめ貴社に対しかかる開示の必要性について速やかに連絡し、適用法令で許容される限り、開示の方法について貴社と協議するものとする。当社がかかる適用法令に基づく秘密情報の開示を行う場合、当社は、かかる情報の機密性を確保するための適用法令上可能な一切の措置を適切かつ迅速にとった上で、適用法令上必要最小限度の範囲のものに限って開示するものとする。

第2条（秘密情報の例外）

　前条に関わらず、下記の各号のいずれかに該当する情報は、本秘密情報に含まれないものとする。

　①本秘密情報の開示以前に当社が既に保有していたもの。

130　巻末資料

②当社の開示以前に公知であるもの。

③当社の開示後に、当社による前条の違反なくして公知となったもの。

④その時期の如何を問わず、当社が適法に第三者から入手したもの。

第3条（秘密情報の帰属等）

1. 当社は、貴社から本秘密情報を開示された結果として、いかなる権利（特許権・著作権・ノウハウ・意匠権その他の知的財産権の使用権・使用許諾・ライセンス等を含む。）も得るものではないことを確認し合意する。

2. 当社は、本書に基づき貴社が本秘密情報の開示義務を何ら負うものではなく、また貴社は本秘密情報の正確性について何らの表明または保証をするものではないことを確認し合意する。

第4条（秘密情報の保持）

　　当社は、本秘密情報を保護するため、善良なる管理者の注意義務をもって本秘密情報を管理する。

第5条（秘密情報の保持）

　　本件目的の検討が終了したとき、本書（6条1項の事由発生を指します）が終了したとき、及び貴社がその理由の如何に関わらず本秘密情報の返還を当社に要求した場合、当社は、当社に提供されていた本秘密情報のうち、(1) 返還可能なものについては、速やかに、その一切を貴社に返還するものとし、また、(2) 返還不能なものまた貴社が別途指示したものについては、貴社の指示に従って速やかにこれを廃棄処分し、貴社に対して廃棄処分した旨を書面にて通知する。

第6条（有効期間）

1. 本書の有効期間は、本書の差入日から1年間とし、有効期間満了においてなお、企業提携に関する交渉が継続している場合は、交渉終了まで自動延長される。

2. 第1条に定める秘密保持義務に関しては、有効期間満了後も3年間は存続するものとする。

第7条（損害賠償）

　　当社が本書に違背した場合、当社は貴社に生じた損害（弁護士費用、並びに当社が本書に違背したことにより貴社が第三者から請求を受けたときは、当該請求及び当該請求に関連して貴社が負担する費用及び損失等を含む。）を賠償する。

2. 各種契約書等のひな形（3）秘密保持契約書　131

第8条（準拠法・管轄）

1. 本書の準拠法は日本法とする。

2. 本書に関連して生じた紛争の一切については、東京地方裁判所を第一審の専属管轄裁判所とする。

以上の同意を証するため正本1通を作成し、記名押印のうえ貴社に差し入れる。

2019年■月■日

株式会社X　御中

（住所）　■■

（社名）　株式会社C

（役職・氏名）　　　　　　　印

（4） 基本合意書（Q19）

企業提携に係る基本合意書

買　主：株式会社C

売主a：X

売主b：Y

売主c：W

株式会社 C（以下、「買主」という。）と X（以下、「売主 a」という。）、Y（以下、「売主 b」という）及び W（以下、「売主 c」という。また、売主 a、売主 b 及び売主 c を併せて「売主ら」という。）は、買主が株式会社 X（以下、「対象会社」という。）の株式を譲り受けることによる対象会社の経営権委譲に関し、以下のとおり基本的な合意に達したので、ここに基本合意書（以下、「本合意書」という。）を締結する。

第 1 章　基本スキーム

（目的）

第 1 条　本合意書は、買主、対象会社の一層の発展を目指し、対象会社の発行済株式の全てを、売主らが買主に対して譲渡することにより、対象会社の経営権を売主らから買主に移転することを目的とする。

（株式譲渡）

第 2 条　売主らは、買主に対し、それぞれ下記のとおり所有する対象会社の発行済株式 200 株（以下、「対象株式」という。）を譲渡するものとし、買主は売主ら及びその他株主からこれを譲り受ける（以下、「本件株式譲渡」という。）。

記

売主 a	120 株
売主 b	60 株
売主 c	20 株
計	200 株

2　対象株式の譲渡価格は、対象株式 1 株あたり金 3,000,000 円（合計金 600,000,000 円。以下、合計金額を「本件譲渡価額」という。）とする。但し、第 5 条に規定する本件調査の結果、対象会社に関して売主らが買主に提供した従前の情報とは異なる事実が判明した場合において、価格調整を行うべき重大な必要性が生じたときは、買主及び売主らは、協議のうえ上記の本件譲渡価額を変更することができるものとする。

3　第 8 条の規定により売主 a 及び売主 b に退職慰労金が支払われる場合、前項の本件譲渡価格から退職慰労金支給額を減額した額をもって株式の譲渡価額とする。

（最終契約書の締結）

第 3 条　買主及び売主らは、本合意書に規定された全ての事項が実施・確認され、企業提携に関する諸条件につき合意した後は、遅滞なく最終契約書を締結するものとし、本合意書に規定されたいずれかの事項が充足されない場合は、当該事項の確認・実施

について権利を有する当事者が当該権利を放棄した場合を除き、売主ら又は買主は最終契約を締結する義務を負わないものとする。

（基本日程）

第4条　買主及び売主らは、下記の基本日程を目標として本件を実行する。

記

2019年■月　　第5条に定める調査の実施

2019年■月　　最終契約書の締結（以下、「最終契約日」という。）

2019年■月　　対象株式の譲渡（以下、「譲渡日」という。）

第2章　調査

（調査）

第5条　買主は、対象会社の事業及び財務内容の実在性・妥当性を検証するために、本合意書締結以降、買主または買主の指定する第三者（公認会計士、税理士、弁護士等を含む。以下、「監査人」という。）による対象会社の調査（事業計画の検証、実地調査、インタビュー、会計帳簿その他の書類の閲覧、調査を含む。以下、「本件調査」という。）を実施するものとする。

2　本件調査の時期・項目・方法等については、別途買主売主ら間で協議のうえ決定するものとする。

3　売主らは、対象会社をして、本条第1項に基づく本件調査に可能な限り協力させると共に、事実をありのままに買主又は買主の指定する監査人に開示・通知・回答させるものとする。

第3章　譲渡日までの義務

（善管注意義務）

第6条　売主らは、対象会社をして、本合意書に別段の定めのある場合を除き、本件株式譲渡が実行されるまで、善良なる管理者の注意をもって対象会社の業務を運営させるものとし、対象会社において次の各号に掲げる行為その他対象会社の資産・財務内容に重大な変更を生じせしめる行為を行わせてはならないものとする（但し、買主に事前の承諾を取った場合を除く。）。

一　重大な資産の譲渡、処分、賃貸借

二　新たな借入の実行その他の債務負担行為及び保証、担保設定行為

三　新たな設備投資及び非経常的仕入行為

四　非経常的な契約の締結及び解約、解除

五　従業員の大幅な新規採用及び解雇

六　対象会社の株式の譲渡承認（本件株式譲渡に係る譲渡承認を除く。）、自己株式の取得

七　募集株式の発行等、減資、株式分割、株式無償割当て、株式併合

八　合併、会社分割、株式交換・株式移転、事業譲渡

九　前各号の他、日常業務に属さない事項

2　売主らは、本合意書締結後、譲渡日までに、本件株式譲渡及びこれに伴う対象会社の役員変更について主要仕入れ先である株式会社Ｚに説明の上、対象会社との間の契約を解除しないことについて了承を得られるよう努めるものとする。買主は了承の取得に協力する。

第4章　表明及び保証

（表明及び保証）

第7条　売主らは、最終契約書において、買主に対し、対象株式の存在及び帰属等並びに対象会社の事業及び財務内容の実在性・妥当性等に関し、買主との間で合意した事項につき表明保証を行うものとする。

第5章　付帯合意

（役員の処遇）

第8条　役員の処遇に関しては、以下の通りとする。

一　役員の退任

売主ａ及び売主ｂは、譲渡日をもって、対象会社の取締役を辞任するものとする。また、下記の者をして対象会社の監査役を、譲渡日をもって辞任させるものとする。

記

監査役　　　Ｚ

以上

二　役員の処遇

対象会社の専務取締役であるＹ（売主ｂ）は、譲渡日以後、対象会社の顧問に就任するものとする。顧問報酬については別途買主売主ら間で協議の上決定するものとする。

三　退職慰労金

買主は、本件株式譲渡後速やかに、対象会社をして、第4号の定めに従い内訳を

決定した退職慰労金額を下記の者に対しそれぞれ支給させるものとする。なお、監査役には退職慰労金は支給しないものとする。

記

代表取締役　　　　　　　　　　　X（売主ａ）
専務取締役　　　　　　　　　　　Y（売主ｂ）

以上

四　退職慰労金額の決定
　　前号に基づきX及びYに対して支給する退職慰労金額は、最終契約までに売主らと買主、双方で協議の上決定する。

（従業員等の処遇）
第9条　買主は、本件株式譲渡後当分の間、対象会社が本件株式譲渡時点において雇用している正社員の雇用を維持するとともに、本件株式譲渡時点の労働条件を実質的に下回らないことを保証する。

（譲渡後の支援）
第10条　売主らは、本件株式譲渡後、買主が対象会社の経営を行うにあたり、買主に対して対象会社の事業の引継ぎ及び経営における助言等の支援を行う。なお、詳細な条件については最終契約までに定めるものとする。
2　競業避止義務：売主らは、譲渡日以降、前項に定める顧問契約終了後5年を経過するまでの間は、対象会社と競業関係に立つ業務を行わず、又は第三者をしてこれを行わせない。

（保証債務の解消等）
第11条　買主は、本件株式譲渡後速やかに、売主ａが対象会社の正当なる債務及び契約を担保するために負っている保証債務について、買主の費用と責任において、当該保証債務の解消のために必要な手続きを行うものとし、同手続きが完了するまでの間に、債権者から売主ａに対して保証責任の追及等がなされた場合には、全て買主の責任において処理するものとする。

第6章　解除

（買主の解除権）
第12条　本合意書の有効期間中といえども、売主ら又は対象会社に次の各号のいずれ

かに該当する事由が生じ、買主が売主らに対して書面で催告後 10 日を経過するまで
の日にこれが是正されない場合は、買主は、本合意書を解除することができる。

一　売主らが本合意書に違反した場合（但し、法的拘束力を有する条項に違反したと
　　きに限る）若しくは、売主らの故意又は重過失により本合意書の目的が達成でき
　　ない場合

二　重要な契約の変更、主要な取引先の倒産、係争事件の発生等の事業環境の著しい
　　変化、その他対象会社の事業に関する重要な事象、天変地異その他不可抗力によ
　　り発生した重大な損害に関する事象の発生等外部的理由により、対象会社の業務、
　　財務内容、資産状態等その他企業価値について重大な変動が生じ、その結果、本
　　件株式譲渡の実行が明らかに不可能であると認められる場合

三　第 5 条に定める本件調査により、対象会社の業務、財務内容、資産状態その他企
　　業価値に関わる情報の詳細が明らかとなり、対象会社の企業価値について重大な
　　影響を及ぼす事象があり、その結果、本件株式譲渡の実行が明らかに不可能であ
　　ると認められる場合

（売主らの解除権）

第 13 条　本合意書の有効期間中といえども、買主に次号に該当する事由が生じ、売主
　　らが買主に対して書面で催告後 10 日を経過するまでの日にこれが是正されない場合
　　は、売主らは、本合意書を解除することができる。

一　買主が本合意書に違反した場合（但し、法的拘束力を有する条項に違反したとき
　　に限る）若しくは、買主の故意又は重過失により本合意書の目的が達成できない
　　場合

第 7 章　合意書の効力等

（有効期限）

第 14 条　本合意書は、本合意書締結日から起算して 3 ヶ月（以下、「独占交渉期間」と
　　いう。）以内に最終契約書が締結されなかったとき、又は、独占交渉期間中において
　　最終契約書が締結されないことが確定したときは失効するものとする。この場合、本
　　合意書中において法的拘束力を有することを確認した条項に違反した場合を除き、買
　　主及び売主らは、相互に損害賠償責任を負わず一切の金銭等の請求を行わないものと
　　する。

2　買主及び売主らは、必要ある場合、書面による合意により、前項の独占交渉期間を
　　延長することができるものとする。

3　第 1 項の規定に基づき本合意書が失効したときは、買主及び売主らは、本合意書の

締結・履行に関して相手方から受け取った資料の返還方法等につき別途合意するものとする。

（排他的交渉権限）

第15条　売主らは、本合意書第14条第1項に規定する独占交渉期間中は、第三者との間で、株式の譲渡、その他対象会社の合併、第三者割当増資、株式交換等の企業提携その他本件株式譲渡の実行を困難とする取引の交渉及び情報の交換、連絡を行うことができないものとし、現時点でいかなる第三者ともかかる交渉及び情報の交換、連絡を行っていないことも保証する。

（譲渡禁止）

第16条　買主及び売主らは、相手方の事前の書面による承諾を得ることなく、本合意書により生じた権利義務の全部若しくは一部又は本合意書上の当事者たる地位を、第三者に譲渡し、担保に供し、又はその他の方法で処分してはならない。

（法的拘束力）

第17条　買主及び売主らは、本合意書のうち第12条乃至第20条についてのみ法的拘束力を有し、その他の条項については法的拘束力を有しないものであることを確認する。

第8章　一般条項

（秘密保持）

第18条　買主及び売主らは、次の各号に規定する情報を除き、相手当事者の事前の書面による承諾なしに、本合意書締結の事実及び本合意書の内容、並びに本件株式譲渡その他本合意書に関する一切の情報（以下、本条において「秘密情報」という。）について第三者に開示してはならない。但し、買主及び売主らは、本合意書の目的達成のため合理的に必要な範囲で、弁護士、公認会計士、税理士、司法書士及びコンサルタントその他の専門家に対し、秘密保持義務を課した上で秘密情報を開示することができる。また、買主及び売主らは、買主、売主ら及び対象会社の取引金融機関や取引先に秘密情報を開示しなければならない場合には、相手方の同意（開示する時期、内容及び方法を含む）を得た上で開示することができる。売主ら、買主は本合意書第6条第2項の履行のために必要な範囲で秘密情報を株式会社Zに開示することを確認する。

一　開示を受けた時点で、受領者が既に保有していた情報

二　開示を受けた時点で、既に公知であった情報

2．各種契約書等のひな形（4）基本合意書　139

三　開示を受けた後、受領者の責に帰さない事由により公知となった情報

四　受領者が開示者の秘密情報を利用することなく独自に開発した情報

五　受領者が正当な権限を有する第三者より守秘義務を負うことなく開示を受けた情報

六　法令、金融商品取引所の規則その他これに準ずる定めに基づき受領者に開示が要求された情報。ただし、当該要求を受けた受領者は、速やかに開示者に当該事実を通知するものとする。

2　本条における義務は、解除・失効等の原因の如何を問わず、本合意書の効力が失われた後も2年間は有効に存続する。

（費用）

第19条　本合意書に定める事項を実施するために要する一切の費用は、特段の合意がない限り、各当事者の負担とする。なお、本件調査に関する費用は買主が負担するものとする。

（合意管轄）

第20条　本合意書に関する一切の裁判上の紛争については、東京地方裁判所を第一審の専属管轄裁判所とする。

（誠実義務）

第21条　買主及び売主らは、本合意書締結後、最終契約書の締結に向けて誠心誠意努力するものとする。

（協議事項）

第22条　本合意書に定めのない事項及び本合意書の各条項に疑義が生じたときは、買主及び売主らは、誠意をもって協議の上解決するものとする。

本合意締結の証として本合意書正本３通を作成し、買主、売主らが各自記名押印の上、各々その一通を保管する。

　　　2019 年■月■日

　　　　　　　　　　　　買主：　住　所　■■
　　　　　　　　　　　　　　　　会社名　株式会社 C
　　　　　　　　　　　　　　　　代表者　■■　　　印

　　　　　　　　　　　　売主 a：住所　　　■■
　　　　　　　　　　　　　　　　氏名　　　X　　　　印

　　　　　　　　　　　　売主 b：住所　　　■■
　　　　　　　　　　　　　　　　氏名　　　Y　　　　印

　　　　　　　　　　　　売主 c：住所　　　■■
　　　　　　　　　　　　　　　　氏名　　　W　　　　印

2.　各種契約書等のひな形（4）基本合意書　141

（5）　プロセスレターと意向表明書（Q20）

2019 年■月吉日

各位

株式会社■■

■■税理士事務所

意向表明書ご提出に関するご案内

拝啓　時下ますますご清祥の段、お慶び申し上げます。

　この度は、弊社（以下、「対象会社」ともいいます。）の発行済全株式（以下、「対象株式」といいます。）の譲渡（以下、「本件」といいます。）にご関心をお持ち頂き、誠に有難うございます。

　本書は、本件にご関心をお持ちの法人を対象に意向表明書提出手続きをご案内するものです。なお、意向表明に際しては、本書及び添付の「意向表明書（案）」をご参照のもと書面にてご提出頂けますでしょうか。ご多忙のところ、恐縮ではございますが、ご検討の程宜しくお願い申し上げます。

　また、弊社は■■税理士事務所（以下、「■■」）を本件の財務アドバイザーとして指名しており、今後、本件に関する総合窓口を務めさせます。

　なお、本書及び、電子メール、書面、口頭その他の手段により提供される情報の一切（以下、「対象会社関連資料」といいます。）は貴社と弊社にてご契約頂いた「秘密保持契約書」等の秘密保持契約書に規定する情報に含まれるものであり、候補先におかれましては、対象会社関連資料に含まれる情報の一切について、厳に秘密を保持して頂きますようお願い申し上げます。

【意向表明書提出先及び本件問い合わせ先】

■■税理士事務所

担当者名　■■

住所　■■

連絡先　■■

敬具

142　巻末資料

1. 本件の概要

　本件は現金を対価とした対象株式の全部売却を想定しております。なお、対象会社は本社不動産を株主から賃貸しております。本件株式譲渡後も賃貸を継続意向ではありますが、本社不動産について譲受けなどの提案がある場合は、その内容を含めて弊社にて検討させて頂きます。

　また、本件の譲渡先選定については、弊社にて各候補先から提出頂いた意向表明書を慎重に検討し、デュー・ディリジェンスの手続きに進んで頂く候補先を選定致します。

　デュー・ディリジェンスの手続きにご参加頂く候補先は、資料閲覧、対象会社経営陣とのマネジメント・インタビュー及びQ&Aセッション等の機会を複数回設定させて頂いた後に、最終意向表明書をご提出頂く予定です。

2. 意向表明書の提出

　意向表明書につきましては、2019年■月■日（変更の可能性もございます）までに■■税理士事務所まで郵送等の方法でご送付下さい。なお、電子メール（PDF等）によりご提出された場合には後日原本をご送付頂きますようお願い申し上げます。

　様式については添付「別紙：意向表明書の書式」に従ってご作成頂き、署名（記名）・押印をお願い致します。

3. 意向表明書の内容

　意向表明書は、下記に提示させていただいた個別事項に則して、出来る限り詳細かつ具体的にご提案いただきますようお願い致します。

1.	貴社の概要
2.	対象会社の事業運営に関する今後の方針（現役員・従業員雇用及び処遇の方針含む）
3.	対象株式の価値評価及びその算定根拠
4.	本社不動産の取り扱い（賃貸継続、買い取りなど）
5.	取得資金の調達方法（自己資金、銀行借入など）
6.	共同出資者が存在する場合は、共同出資者の概要と本件における役割
7.	最終意向表明書提出後、株式譲渡契約書締結までに必要な社内手続き、及び必要な期間
8.	デュー・ディリジェンスに進んだ場合に希望する追加情報
9.	選定結果の連絡先（貴社名、担当者名、電話・FAX番号、電子メールアドレス）
10.	その他、貴社が必要とお考えになる事項

4. 今後の予定スケジュール

1.	意向表明書の提出期限	：2019 年■月■日（予）
2.	選考結果の通知	：2019 年■月上旬（予）
3.	基本合意書の締結	：2019 年■月中旬（予）
4.	デュー・ディリジェンス	：2019 年■月下旬～■月末（予）
5.	最終意向表明書及び株式譲渡契約書（案）の提出期限（予定）	：2019 年■月上旬（予）
6.	最終契約（予定）	：2019 年■月下旬（予）
7.	クロージング（予定）	：2019 年■月末（予）

5. 質問等の受付について

　本書に関するご質問については、電子メール等にてご連絡下さい。なお、いかなる場合においても、弊社及びその取引先の経営陣、従業員、債権者或いは利害関係者等に対して、貴社及び本件に関して貴社が情報を共有する関係者が、本件に関して直接コンタクトすることは固くお断り致します。

6. 留意事項

　弊社は、予告なく、入札手続の内容・スケジュール等の変更を行い、又は、譲渡先の募集を中止する可能性がありますので、予めご了承下さい。また、かかる変更又は中止をした場合でも、弊社及び■■税理士事務所（以下、「関連当事者」といいます。）は、その理由を説明する義務を負いません。

　貴社が本件を検討するために必要な費用（資料等の送付や専門家への相談に要する費用、デュー・ディリジェンスに関する費用等の本件に関する一切の費用）は、全て貴社自身が負担するものとし、関連当事者は一切の費用負担義務を負いません。

　また、関連当事者側の事情により譲渡先の募集を中止した場合、対象会社の事業、資産又は負債等に重大な変更が生じた場合、その他いかなる場合にも、費用の返還、賠償その他のご請求には一切応じかねますので、予めご了承下さい。

以上

144　巻末資料

別紙：意向表明書の書式

2019 年■月■日

意向表明書

株式会社■■　御中

譲渡先の名称・住所
代表者名 印

　当社は、2019 年■月■日付で別途貴社と締結した「秘密保持契約書」の各条項及び「意向表明書ご提出に関するご案内」における全ての記載事項を承認の上、下記のとおり対象会社株式の譲受けに関する意向を表明致します。

　各候補先が提出する意向表明書を貴社が総合的に判断した結果、当社が、デュー・ディリジェンス等の手続きへ参加出来ない場合でも、当社はその決定に対して一切異議を申し立てません。

記

1.　貴社の概要
2.　対象会社の事業運営に関する今後の方針（現役員・従業員雇用及び処遇の方針含む）
3.　対象株式の価値評価及びその算定根拠
4.　本社不動産の取り扱い（賃貸継続、買い取りなど）
5.　取得資金の調達方法（自己資金、銀行借入など）
6.　共同出資者が存在する場合は、共同出資者の概要と本件における役割
7.　最終意向表明書提出後、株式譲渡契約書締結までに必要な社内手続き、及び必要な期間
8.　デュー・ディリジェンスに進んだ場合に希望する追加情報
9.　選定結果の連絡先（貴社名、担当者名、電話・FAX 番号、電子メールアドレス）
10.　その他

以上

（6） 株式譲渡契約書（Q61）

株式譲渡契約書

売主 a ： X
売主 b ： Y
売主 c ： W
買 主 ：株式会社 C

株式譲渡契約書

X（以下、「売主 a」という。）、Y（以下、「売主 b」という。）、W（以下、「売主 c」という。また、売主 a、売主 b 及び売主 c を併せて「売主ら」という。）、及び株式会社 C（以下、「買主」という。）は、2019 年■月■日付で売主らで締結された「企業提携に関する基本合意書」（以下、「基本合意書」という。）第 3 条の規定に基づき、以下のとおり買主による株式会社 X（以下、「対象会社」という。）の全株式の取得に関する契約（以下、「本契約」という。）を締結する。

第 1 章　目的

（目的）

第 1 条　本契約は、対象会社及び買主の一層の発展を目指し、対象会社の発行済株式の全てを、売主らが買主に対して譲渡することにより、対象会社の経営権を売主らから買主に移転することを目的として締結する。

（定義）

第 2 条　本契約において、本契約書中に特段の定義を伴わずに用いられる本条各号の用語は、それぞれ本条各号に規定する意味を有する。

一　「対象株式」とは、対象会社の発行済株式のうち、下記記載の売主らが所有する合計 200 株の株式をいう。

記

売主 a	120 株
売主 b	60 株
売主 c	20 株

以上

二　「対象事業」とは、対象会社が営む下記各号の事業をいう。

　①　Z 社の一次販売代理店としての電子部品等の卸売業

　②　前各号に附帯する一切の業務

三　「譲渡日」とは、2019 年■月■日をいう。

第2章　対象株式の譲渡

（株式譲渡）

第3条　売主らは、買主に対し、譲渡日に、本契約に規定する条件に基づき、対象株式の全部を譲渡するものとし、買主は、売主らからこれを譲り受ける（以下、「本件株式譲渡」という。）。

（譲渡価額）

第4条　買主は、対象株式の対価として、売主らに対し、それぞれ下記記載の金員（一株あたり金830,000円。合計金166,000,000円。以下、合計金額を「本件譲渡価額」という。）を支払う。

記

売主 a	金 99,600,000 円
売主 b	金 49,800,000 円
売主 c	金 16,600,000 円

以上

（支払方法）

第5条　買主は、売主らに対し、譲渡日に、売主らの指定する下記銀行口座に振り込む方法によって、本件譲渡価額を支払う。但し、振込手数料は買主の負担とする。

記

銀行名・支店名	■■銀行■■支店
口座種類・番号	普通・■■
名　義　人	■■

（重要物品の引渡し）

第6条　売主らは、前条の本件譲渡価額の受領と引換えに、以下の重要物品等を買主に対し引き渡す。

一　対象株式の譲渡を承認する旨の対象会社の取締役会議事録（写し）

二　対象株式の譲渡承認請求書・同承認通知書（写し）

三　売主らから買主への対象株式の株主名簿名義書換請求書

四　対象会社の株主名簿

五　売主 a、売主 b 及び Z の対象会社役員の辞任届

六　売主らが発行する本件譲渡価額の領収書

七　対象会社の株券を発行する旨の定めの廃止に係る定款変更を決議した株主総会議事録及び当該手続き書類一式（写し）

2　買主は、売主らに対し、前項各号の重要物品等の交付を条件として、直ちに、その受領証を交付する。

（実施場所）

第7条　売主aは、買主に対し、譲渡日に、■■において、本件株式譲渡を執り行う。

第3章　表明及び保証

（売主らの表明及び保証）

第8条　売主a及び売主bは、本契約締結日及び譲渡日において、以下の事項を表明し、保証する。

一　権限及び授権：売主らは、本契約の締結及び履行に必要な権限及び権利能力、行為能力及び意思能力を有していること。

二　反社会的勢力からの断絶：売主らは、集団的に又は常習的に違法行為を行うことを助長するおそれがある団体又はそのような団体の構成員及びこれらに準ずると合理的に判断される者（以下、「反社会的勢力」という。）ではなく、反社会的勢力との間に直接・間接を問わず、何らの資本・資金上の関係もなく、反社会的勢力が対象会社の経営に直接又は間接に関与している事実がないこと。また、売主ら及び対象会社は、名目の如何を問わず、資金提供その他の行為を通じて反社会的勢力の維持、運営に協力又は関与しておらず、意図して反社会的勢力と交流を持っている事実がないこと。売主らは、反社会的勢力及び反社会的勢力との交流を持っている者を対象会社の役員等に選任しておらず、また従業員として雇用している事実がないこと。

三　許認可等の取得：売主らは、本契約の締結及び履行に必要とされる司法・行政機関等からの許認可・承認等の取得、司法・行政機関等に対する報告・届出等、又はその他法令等上の所要手続を全て法令等の規定に従い履践していること。

四　法令等との抵触の不存在：売主らによる本契約の締結及び履行、並びに本件株式譲渡の実行は、①本契約に関連する法令等に違反せず、かつ売主ら若しくは対象会社に対する又は売主ら若しくは対象会社を拘束する判決、命令又は決定に違反するものではなく、②対象会社の定款その他の社内規則に違反するものではないこと。

五　強制執行：本契約は、売主らの適法、有効かつ法的な拘束力のある義務を構成し、買主は、売主らに対し、その条項に従った強制執行が可能であること。

六　対象株式の存在：対象会社の発行済株式総数は普通株式200株のみであり、新株予約権、対象会社株式に転換又は取得できる権利その他対象会社の株主構成及び資本構成に変動を及ぼすいかなる証券又は権利も設定若しくは付与されておらず、対象会社においてその決議もなされていないこと。

七　対象株式の所有：売主らは、第2条記載の株式数のとおり、対象株式を適法かつ有効に取得し、所有しており、当該株式につき、株主名簿上かつ実質上の株主であること。対象株式には、対象会社の定款に定める株式譲渡制限を除き、質権、譲渡担保権等の担保権その他いかなる制限又は負担も存せず、売主らは、対象株式を一切の負担等が存しない状態で買主に移転する権利を有しており、本件株式譲渡がなされた時点で、買主は当該株式について一切の負担等の存しない完全な権利を取得すること。

八　株主名簿の記載の真正：買主が第6条により受領した対象会社の株主名簿において、対象株式に係る株主名簿記載事項が真実であること。

九　存続及び権能：対象会社は、日本法に準拠して適法かつ有効に設立され、適法かつ有効に存続している株式会社であり、またその財産を所有しかつ現在行っている事業を遂行するために必要な権利能力及び行為能力を有していること。

十　計算書類等：基本合意書第5条による調査の結果判明した事項を除き、対象会社が、買主に対して交付した対象会社の貸借対照表及び損益計算書（試算表を含む。）は、日本において一般に公正妥当と認められている会計基準に従って作成されており、各作成基準日時点における対象会社の財政状態及び経営成績を適正に示していること。

十一　資産等：対象会社は、対象事業を円滑に営むために必要かつ十分な有形・無形の資産（不動産、動産、株式、知的財産、契約を含むが、これに限られない。）を全て所有し、又はかかる資産を適法に使用する権利を有していること。

十二　債務及び負債：対象事業に関して偶発債務は存在せず、また、基本合意書第5条による調査の結果判明した事項を除き、簿外債務及び引当・償却不足は存在しないこと。

十三　税務申告等の適正：対象会社は、過去7年間、国内外において、法人税を始めとする各種課税項目及び社会保険料等の公租公課について適法かつ適正な申告を行っており、適時にその支払を完了していること。また、譲渡日以前の過去7年間の事業に関して、対象会社に対する課税処分がなされるおそれは存在しないこと。

十四　債務不履行の不存在：対象事業に関する契約は、有効かつ適法に締結され、かかる契約に定められた一切の権利及び義務は、適法、有効かつ法的拘束力のあるものであること。かかる契約について、対象会社による重大な債務不履行は発生して

おらず、また、契約の相手方による重大な債務不履行は発生していないこと。

十五　要承諾取得契約の不存在：対象事業に関する契約のうち、本件株式譲渡に際して譲渡日までに本件株式譲渡に関する承諾、同意、通知その他の行為が必要である旨規定されている契約（①本件株式譲渡が解除事由に該当する契約、②本件株式譲渡による承継を禁止する契約、③譲渡制限又は支配権の変更（Change of Control）条項が入った契約、及び④本件株式譲渡に伴い届出を行う必要がある契約等を含むが、これらに限られない。）は存在しないこと。

十六　知的財産の所有：対象会社の有する（共有の権利を含む。）特許権、実用新案権、意匠権及び商標権（以下、「本件知的財産権」という。）は、日本国特許庁又は登録国の管轄の特許当局において有効に登録されていること。対象会社が譲渡日までに出願した（共同出願のものを含む。）特許出願、実用新案登録出願、意匠出願及び商標出願（以下、「本件知的財産出願」という。）に関する審査手続は、日本国特許庁又は出願国における管轄の特許当局において有効に係属していること。本件知的財産権は、担保権の対象となっていないこと。対象会社は、第三者（発明者も含む。）から、本件知的財産権及び本件知的財産出願の有効性について争われていないこと。また、本件知的財産権及び本件知的財産出願の有効性について無効審判請求、異議申立、審決取消訴訟は係属していないこと。

十七　職務発明の帰属及び対価：本件知的財産権及び本件知的財産出願について、対象会社と発明者その他の第三者との間に、発明の帰属、発明の相当対価の支払に関する紛争は一切存在せず、かつ、そのおそれも存在しないこと。

十八　その他知的財産権の非侵害：対象会社は、対象事業又はその製品に関して、第三者の知的財産権（特許権、実用新案権、育成者権、意匠権、著作権、商標権、回路配置利用権その他の知的財産に関して法令により定められた権利又は法律上保護される利益に係る権利をいうが、これに限られない。）を侵害しないことを、対象会社と同一の事業を営む事業者において通常一般的に行われている合理的な範囲で確認しており、対象事業又はその製品に関して、第三者の知的財産権侵害に起因し、又はこれに関連する一切の請求を受けていないこと。

十九　労働関係：対象会社は、従業員との間における雇用条件に関し、重大な違反を行っておらず、また、従業員又はその所属する労働組合との間における紛争は存在しておらず、また、対象会社においてそれらが発生するような状況もないこと。また、対象会社と従業員との間において、同盟罷業、ピケッティング、業務停止、怠業等の労使紛争は発生していないこと。対象会社は、その従業員に対する社内規程に基づく給与等の支払義務を履行しており、雇用終了時に退職金支給規程等に基づかずに発生する退職金（法令に定めがあるものを除く。）その他の雇用契約上の債

2．各種契約書等のひな形（6）株式譲渡契約書　151

務の支払義務を負っていないこと。本契約締結日現在、対象会社の従業員は労働組合を組織していないこと。

二十　環境関係：対象会社は、対象事業を運営するにあたり、公害又は環境保護に関する全ての法令、規制、通達、行政指導の規制（土壌汚染及び地下水の水質汚染、建物におけるアスベスト等の有害物質の使用を含むが、これに限られない。）に違反しておらず、対象会社の所有する不動産について土壌汚染その他の環境汚染は発生していないこと。対象会社において環境に関する訴訟その他公的手続も係属しておらず、官公庁又は第三者から、環境に関するいかなる警告・クレームも受領しておらず、また、かかる警告・クレームを受領するおそれも存在しないこと。対象会社は、廃棄物（産業廃棄物を含む。）の処理に関し、廃棄物の処理及び清掃に関する法律その他関係法令を遵守しており、その違反による刑事、行政及び民事上の責任を追及されるおそれはなく、またその原因となりうる事実も存在しないこと。

二十一　紛争の不存在：対象会社を当事者とする、対象事業又は対象会社の資産、負債等（製品の瑕疵・欠陥、知的財産権侵害、環境に関する紛争を含むが、これらに限られない。）に関し現在係属中である訴訟、仲裁、調停、仮処分、仮差押その他の司法上又は行政上の法的手続（以下、「訴訟等」という。）は存在せず、対象会社が第三者に対して提起することを予定している訴訟等は存在しないこと。また、対象会社を当事者とする、又は対象会社の資産に関する判決、決定、命令その他の司法上又は行政上の判断は存在しないこと。

二十二　法令遵守、許認可：対象会社は、対象事業に適用のある全ての重要な法令、規制、通達、行政指導を遵守していること、また、対象事業を現在の態様にて運営するために必要な全ての許認可等を有しており、かかる許認可等に伴う条件・要件を遵守して対象事業を行っていること。

二十三　保険契約：対象会社は、譲渡日までの間、対象事業又は対象事業に関する資産、製品を対象とした製造物責任保険、動産総合保険その他適切な損害保険を付し、かつ、これを維持しており、かかる損害保険に基づき、保険者に対して保険金請求が行われたことはないこと。

二十四　変更の不存在：対象会社が、基本合意書の締結日以降、譲渡日までの間に、買主の事前の書面による同意を得ずして、次の各号に掲げる行為その他対象会社の資産・財務内容に重大な変更を生じせしめる行為を行っていないこと。

①　重大な資産の譲渡、処分、賃貸借

②　新たな借入の実行その他の債務負担行為及び保証、担保設定行為

③　新たな設備投資及び非経常的仕入行為

④　非経常的な契約の締結及び解約、解除

⑤　従業員の大幅な新規採用及び解雇

⑥　対象会社の株式の譲渡承認（但し、本件株式譲渡の承認を除く。）、自己株式の取得

⑦　募集株式の発行等、減資、株式分割、株式無償割当て、株式併合

⑧　合併、会社分割、株式交換・株式移転、事業譲渡

⑨　前各号の他、日常業務に属さない事項

二十五　開示情報：売主ら及び対象会社は、本件株式譲渡に関連して現存し、対象事業の運営又は価値に関連性を有する重要な文書及び情報を全て買主に交付又は提供していること。また、本件株式譲渡に関連して売主ら及び対象会社が買主に開示した情報は重要な点で真実かつ正確であること。売主ら及び対象会社は、買主の要求に対して、不正確な資料を提供したことはなく、かつ、やむを得ない場合を除き、開示を拒んだことはないこと。

（買主の表明及び保証）

第9条　買主は、本契約締結日及び譲渡日において、以下の事項を表明し、保証する。

一　存続及び権能：買主は、日本法に準拠して適法かつ有効に設立され、適法かつ有効に存続している株式会社であり、またその財産を所有しかつ現在行っている事業を遂行するために必要な権利能力及び行為能力を有していること。

二　権限及び授権：買主は、本契約の締結及び履行に必要な権限及び権能を有しており、本契約を締結し本件株式譲渡を履行することにつき取締役会の承認その他必要な社内手続を全て履践していること。

三　反社会的勢力からの断絶：買主は、反社会的勢力ではなく、反社会的勢力との間に直接・間接を問わず、何らの資本・資金上の関係もなく、反社会的勢力が買主の経営に直接又は間接に関与している事実がないこと。また、買主は、名目の如何を問わず、資金提供その他の行為を通じて反社会的勢力の維持、運営に協力又は関与しておらず、意図して反社会的勢力と交流を持っている事実がないこと。買主は、反社会的勢力及び反社会的勢力との交流を持っている者を買主の役員等に選任しておらず、また従業員として雇用している事実がないこと。

四　許認可等の取得：買主は、本契約の締結及び履行、並びに本件株式譲渡の実行に必要とされる司法・行政機関等からの許認可・承認等の取得、司法・行政機関等に対する報告・届出等、又はその他法令等上の所要手続を全て法令等の規定に従い履践していること。

五　法令等との抵触の不存在：買主による本契約の締結及び履行は、①法令等に違反せず、かつ買主に対する又は買主を拘束する判決、命令又は決定に違反するもので

はなく、②買主の定款その他の社内規則に違反するものではないこと。

六　強制執行：本契約は、買主の適法、有効かつ法的な拘束力のある義務を構成し、売主らは、買主に対し、その条項に従った強制執行が可能であること。

第4章　譲渡日までの義務

（譲渡日までの売主らの義務）

第10条　社内手続等の履践：売主らは、譲渡日において本件株式譲渡の実行が可能となるよう、第12条に規定する条件（以下、「クロージング条件」という。）の充足その他法令、本契約及び社内手続上必要とされる一切の手続を譲渡日までの間適時に行う。

2　役員の辞任届：売主aは、対象会社の代表取締役として譲渡日までに、下記の書類を取りまとめるものとする。

記

代表取締役　　売主aの対象会社代表取締役としての辞任届

取締役　　　　売主bの対象会社取締役としての辞任届

監査役　　　　Zの対象会社監査役としての辞任届

以上

3　善管注意義務：売主a及び売主bは、対象会社をして、本契約に別段の定めのある場合を除き、本件株式譲渡が実行されるまで、対象事業を通常の業務の範囲内において善良なる管理者の注意をもって運営させるものとし、対象会社の資産等について、通常の業務の範囲外の新たな設備投資、担保提供、株主に対する剰余金の分配その他の処分を行わせてはならない。

4　重大行為の禁止：売主a及び売主bは、譲渡日までの間、対象会社に株式及び新株予約権の発行、合併並びに会社分割その他対象会社の資本構成に影響を及ぼす行為を行わせてはならない。

5　従業員の異動の禁止：売主a及び売主bは、譲渡日までの間、対象会社をして、2019年■月■日時点において在籍する従業員について、著しい異動を行わせてはならない。

6　売主a及び売主bは、譲渡日までに、本件株式譲渡及びこれに伴う対象会社の役員変更について株式会社Zに説明の上、対象会社との間の契約を解除しないことについて了承を得られるよう努めるものとする。

7　売主aは、対象会社と締結している不動産賃貸借契約につき、月額賃料を20万円（消費税等別途）に変更するものとする。なお、その他の賃貸条件については変更しないものとする。

8　売主aは、対象会社が保有する株式会社Gの株式全株を備忘価格1円にて買い取ることとする。

9　売主aは、対象会社をして、対象会社が締結している株式会社Pとの顧問契約を終了させることとする。

（譲渡日までの買主の義務）

第11条　社内手続等の履践：買主は、譲渡日において本件株式譲渡の実行が可能となるよう、クロージング条件の充足その他法令、本契約及び社内手続上必要とされる一切の手続を譲渡日までの間適時に行う。

2　買主は、第10条第6項に定める了承の取得に協力する。

第5章　クロージング条件

（クロージング条件の充足確認）

第12条　売主ら及び買主は、譲渡日において、以下のクロージング条件を充足していることを当事者双方が相互に確認することを条件として、本件株式譲渡を実施する。

　　一　売主らが、第8条各号で表明保証した事項が譲渡日において真実かつ正確であること。

　　二　買主が、第9条各号で表明保証した事項が譲渡日において真実かつ正確であること。

　　三　売主らが、譲渡日まで、第10条の各項の義務を遵守したこと。

　　四　買主が、譲渡日まで、第11条の各項の義務を遵守したこと。

　　五　譲渡日までに第10条第6項に定める株式会社Zの了承が取得できていること。

2　売主ら及び買主は、前項の「クロージング条件の充足の確認」とは、一見明らかにクロージング条件を充足していないことはないとの一方当事者による当該時点における認識の表明にすぎず、本契約に定める損害賠償請求権その他一切の権利を放棄する旨の意思表示と解釈しないことを相互に確認する。

（クロージング条件の変更等）

第13条　売主ら及び買主は、前条に定めるクロージング条件の未成就によって譲渡日において本件株式譲渡を直ちに実施できない場合には、本件株式譲渡の実施方法等について誠実に協議を行う。

2　売主ら及び買主は、前項に定める協議が整わない場合には、本件株式譲渡を中止できる。

第6章　本件株式譲渡後の義務

（譲渡後の売主らの義務）

第14条　譲渡後の支援：売主bは、本件株式譲渡後、買主が対象会社の経営を行うにあたり、別途定めるところにより、別途顧問契約を締結して、買主に対して対象事業の引継ぎ及び経営における助言等の支援を行う。

2　競業避止義務：売主らは、譲渡日以降、前項に定める顧問契約終了後5年を経過するまでの間は、対象会社と競業関係に立つ業務を行わず、又は第三者をしてこれを行わせない。

（譲渡後の買主の義務）

第15条　従業員の処遇：買主は、本件株式譲渡以降最低1年間は、対象会社が本件株式譲渡時点において雇用している正社員の雇用を維持するとともに、本件株式譲渡時点の労働条件を実質的に下回らないことを保証する。

2　退職慰労金の支給：買主は、本件株式譲渡後速やかに、対象会社をして、下記の者に対し、下記のとおり、退職慰労金を支給させるものとする。なお監査役に対しては退職慰労金は支給しないものとする。

記

代表取締役　　X（売主a）　　金180,000,000円

　（内訳）

　　①　車両の現物支給（15,000,000円相当額）

　　②　現金165,000,000円

専務取締役　　Y（売主b）　　金54,000,000円

以上

第7章　付随契約

（保証債務の解消、担保権の抹消）

第16条　買主は、本件株式譲渡後速やかに、売主aが対象会社の正当なる債務を主たる債務とする全ての保証債について、買主の費用と責任において、当該保証債務に関する保証契約関係からの脱退のために必要な手続を行うものとし、同手続が完了するまでの間に、債権者から売主aに対して保証責任の追及がなされた場合には、全て買主の責任において処理するものとする。

第 8 章　解除及び損害賠償

（解除）

第17条　債務不履行による解除：売主ら及び買主は、相手方が、表明保証条項その他本契約上の重大な義務に違反し、当該相手方に対して書面により是正を求める旨の通知を行った後相当期間を経過しても尚かかる違反が是正されない場合には、譲渡日以前に限り本契約を解除することができる。第13条に定める協議により譲渡日を改めて定めた場合（以下、改めて定めた譲渡日を「新譲渡日」という。）、本条の規定中、「譲渡日」とあるのは、「新譲渡日」と読み替える。

2　無催告解除：売主ら及び買主は、譲渡日以前において、相手方当事者について以下に定める事由のいずれか1つでも発生した場合には、何らの催告等を要せず直ちに本契約を解除することができる。

一　破産手続開始、民事再生手続開始、会社更生手続開始、その他これに類する倒産手続開始の申立てを行い、又は第三者によってかかる申立てがなされたとき

二　支払の停止があったとき又は手形若しくは小切手について1回でも不渡があったとき

三　営業の廃止、解散の決議をし、又は官公庁から業務停止その他業務継続不能の処分を受けたとき

四　会社組織、業態又は支配権の変更等対象会社の経営に重大な影響を及ぼす行為があったとき

五　その他本契約の遂行に著しい困難を生じ、又はそのおそれが認められる相当の理由があるとき

3　買主による無催告解除：買主は、譲渡日以前において、対象会社について以下に定める事由のいずれか1つでも発生した場合には、何らの催告等を要せず直ちに本契約を解除することができる。

一　破産手続開始、民事再生手続開始、会社更生手続開始、その他これに類する倒産手続開始の申立てを行い、又は第三者によってかかる申立てがなされたとき

二　支払の停止があったとき又は手形若しくは小切手について1回でも不渡があったとき

三　営業の廃止、解散の決議をし、又は官公庁から業務停止その他業務継続不能の処分を受けたとき

四　会社組織、業態又は支配権の変更等経営に重大な影響を及ぼす行為があったとき

五　その他本契約の遂行に著しい困難を生じ、又はそのおそれが認められる相当の理由があるとき

2．各種契約書等のひな形（6）株式譲渡契約書　157

（損害の賠償又は補償）

第18条　売主ら及び買主は、故意又は過失により本契約に違反し、これにより相手方
当事者又は対象会社に損害が発生した場合、譲渡日後2年間（第14条第2項違反に
ついては同項に定める期間、第16条違反については期限を設けない）に限り、相手
方当事者又は対象会社に対して当該損害（第三者からの請求に基づくものを含み、ま
た合理的な範囲での弁護士費用を含む。以下、本条において同じ。）を賠償する。但し、
譲渡日後2年（第14条第2項違反については同項に定める期間）以内に損害賠償を
請求した場合は、同期間経過後も賠償を受ける権利は存続する。

　　　また、損害等を被った当事者が認める場合には、損害を生じさせないための必要な
措置をもってこれに代えることができる。

2　前項の規定にかかわらず、売主a、売主b及び買主は、自らが行った表明及び保証
が真実でなく、又は不正確であることに起因して相手方当事者が被った損害について
は、譲渡日後2年間に限り、相手方当事者に対し、当該損害を賠償又は補償する。但
し、譲渡日後2年以内に損害賠償又は補償を請求した場合は、同期間経過後も賠償又
は補償を受ける権利は存続する。

3　売主a及び売主bは、対象会社の従業員（元従業員も含むものとする。）から、譲
渡日までに生じた未払賃金（未払時間外・休日出勤手当を含むが、それらに限られな
い。）の請求がなされた場合には、譲渡日後3年間に限り、買主又は対象会社に対し、
当該請求により対象会社に生じた損害を賠償又は補償する。但し、譲渡日後3年以内
に損害賠償又は補償を請求した場合は、同期間経過後も賠償又は補償を受ける権利は
存続する。売主a及び売主bは、本項の賠償又は補償責任に買主の認識又は認識可能
性が一切影響を及ぼさないことを確認する。

4　前3項の損害賠償又は補償の請求は、賠償又は補償の原因となる具体的な事実及び
賠償又は補償を求める金額を合理的に記載した書面により行うものとする。

5　(1) 第1項乃至第3項の規定にかかわらず、売主a及び売主bの負担する損害賠償
額及び補償額の上限は、本件譲渡価額及び第15条第2項に定める売主らに対する退
職慰労金支給額の合計額を上限とする。売主a及び売主bは連帯して責任を負う。

　　(2) 第1項乃至第3項の規定にかかわらず、買主の負担する損害賠償額及び補償額
の上限は、本件譲渡価額及び第15条第2項に定める売主らに対する退職慰労金支給
額の合計額を上限とする。但し第16条違反については上限を設けない。

第9章　一般条項

（権利義務の譲渡禁止）

第19条　売主ら及び買主は、相手方の書面による事前承諾なしに、本契約に基づく権

利・義務の全部又は一部を第三者に譲渡若しくは移転し又は第三者のための担保に供する等一切の処分をしてはならない。

（秘密保持）
第20条　売主ら及び買主は、次の各号に規定する情報を除き、相手方当事者の事前の書面による承諾なしに、本契約の交渉過程に関する情報、本契約締結の事実及び本契約の内容、並びに本件株式譲渡その他本契約に関する一切の情報（以下、本条において「秘密情報」という。）について、本契約の目的達成のため以外に使用せず、第三者に開示してはならない。但し、売主ら及び買主は、本契約の目的達成のため合理的に必要な範囲で、弁護士、公認会計士、税理士、司法書士及びコンサルタントその他の専門家に対し、秘密保持義務を課した上で秘密情報を開示することができる。また、買主及び売主らは、買主、売主ら及び対象会社の取引金融機関や取引先に秘密情報を開示しなければならない場合には、相手方の同意（開示する時期、内容及び方法を含む。）を得た上で開示することができる。買主及び売主らは、第10条第6項の履行のため必要な範囲で秘密情報を株式会社Ｚに開示することを確認する。
一　開示を受けた時点で、受領者が既に保有していた情報
二　開示を受けた時点で、既に公知であった情報
三　開示を受けた後、受領者の責に帰さない事由により公知となった情報
四　受領者が開示者の秘密情報を利用することなく独自に開発した情報
五　受領者が正当な権限を有する第三者より守秘義務を負うことなく開示を受けた情報
六　法令その他これに準ずる定めに基づき受領者に開示が要求された情報。但し、当該要求を受けた受領者は、速やかに開示者に当該事実を通知するものとする。
2　本件株式譲渡に関する公表は、売主ら及び買主が協議の上実施することとし、その具体的な内容、時期及び方法は、別途合意して定める。

（費用）
第21条　売主ら及び買主が、本契約の締結、本件株式譲渡の実施、その他本契約上の義務を履行するために負担した一切の費用（弁護士、会計士及び税理士等の専門家に対する報酬及び費用を含む。）については、特段の合意がない限り、各当事者の負担とする。

（完全合意）
第22条　本契約は、本件株式譲渡その他本契約における対象事項に関する売主ら及び

2. 各種契約書等のひな形（6）株式譲渡契約書　159

買主の最終的かつ完全な合意を構成するものであり、かかる対象事項に関する本契約締結日までの両当事者間の一切の契約、合意、約定その他の約束（書面によると口頭によるとを問わない。また両当事者間の基本合意書を含む。）は、本契約に別段の定めある場合を除き、本契約締結をもって失効する。

（通知）

第23条　本契約に従い、各当事者が行う通知はいずれも書面によるものとし、その効力は相手方に到達された時に発生する。

（契約の修正）

第24条　本契約は、売主ら及び買主により適正に調印された書面によらない限り、一切の修正、変更等ができないものとする。

（管轄）

第25条　売主ら及び買主は、本契約に起因し、又はこれに関連する一切の紛争については、東京地方裁判所を第一審の専属的合意管轄裁判所とすることに合意する。

（誠実協議）

第26条　売主ら及び買主は、本契約の条項の解釈につき疑義が生じた場合及び本契約に定めのない事項については、誠意をもって協議して解決する。

　本契約締結の証として本契約書正本4通を作成し、売主a、売主b、売主c及び買主が各自記名押印の上、各々その一通を保管する。

2019 年■月■日

売主a：住所　　■■

氏名　　X　　　　印

売主b：住所　　■■

氏名　　Y　　　　印

売主 c：住所　　■■
　　　　氏名　　　W　　　　　印

買主：住所　　■■
　　　会社名　株式会社 C
　　　代表者　■■　　　　　印

● M&A 関係契約書等のひな形のダウンロード

　本書の巻末資料（P.121 ～ P.161）に掲載している M&A 関係契約書等のひな形を下記サイトからダウンロードいただけます。

ZEIKEN LINKS 特設サイト

URL：https://links.zeiken.co.jp/notice/2562

※　本サイトのひな形は、あくまでも一例となっております。使用する内容にあわせて、文言などを適切に追加・修正・削除してご利用ください。法令等は改正等される場合もございますので、ご使用の際には法律の専門家に相談することをお勧めします。

※　契約書等のひな形の使用結果について、著者及び株式会社税務研究会は一切の責任を負いかねますのでご了承ください。

※　本サイトは、予告なく公開を終了する可能性がございます。

＜著者紹介＞

宮口　徹（みやぐち　とおる）

1973 年新潟県生まれ。早稲田大学政治経済学部卒業。朝日監査法人（現有限責任あずさ監査法人）において会計監査業務、大和証券 SMBC 株式会社にて株式公開支援業務等の投資銀行業務に従事した後、2002 年より税理士法人プライスウォーターハウスクーパース（現 PwC 税理士法人）にて 10 年超にわたり、M&A やグループ内組織再編、事業再生及び事業承継に係る税務コンサルティング業務に従事するとともに税制に関する関係当局からの委託調査や税務に関する執筆及び講演に多数関与。2013 年より宮口公認会計士・税理士事務所を開設。銀行や投資ファンドと連携し、中小企業の M&A 業務や事業承継案件に多数従事。

公認会計士。税理士。公益社団法人日本証券アナリスト協会検定会員。
「M&A・組織再編スキーム発想の着眼点 50（中央経済社刊）」など著書多数。

本書の内容に関するご質問は、ファクシミリ等、文書で編集部宛にお願いいたします。(fax 03-6777-3483)
なお，個別のご相談は受け付けておりません。

本書刊行後に追加・修正事項がある場合は、随時、当社のホームページ
（https://www.zeiken.co.jp）にてお知らせいたします。

税理士のための
中小企業 M&A コンサルティング実務

令和元年 8 月30日　初版第一刷発行　　　　　　　　　　　　（著者承認検印省略）
令和 3 年 3 月 6 日　初版第二刷発行

Ⓒ　著　者　宮　口　　　徹

発行所　　税 務 研 究 会 出 版 局

週 刊「税 務 通 信」発行所
　　　　「経 営 財 務」

代表者　　山　根　　　毅

郵便番号100-0005
東京都千代田区丸の内1-8-2 鉄鋼ビルディング
振替00160-3-76223
電話〔書 籍 編 集〕03（6777）3463
　　〔書 店 専 用〕03（6777）3466
　　〔書 籍 注 文〕
　　〈お客さまサービスセンター〉03（6777）3450

―――――― 各事業所　電話番号一覧 ――――――

北海道 011(221)8348	神奈川 045(263)2822	中　国 082(243)3720
東　北 022(222)3858	中　部 052(261)0381	九　州 092(721)0644
関　信 048(647)5544	関　西 06(6943)2251	

＜税研ホームページ＞　https://www.zeiken.co.jp

乱丁・落丁の場合は，お取替え致します。　　　　印刷・製本　日本ハイコム株式会社

ISBN 978-4-7931-2483-9